风之回响
RESONANCE

每一种声音
都期待回响

后真相

[美] 李·麦金太尔 著　张美华 相欣奕 译

Lee C. McIntyre

POST-TRUTH

北京联合出版公司
Beijing United Publishing Co.,Ltd.

图书在版编目（CIP）数据

后真相／（美）李·麦金太尔著；张美华，相欣奕
译 . – 北京：北京联合出版公司，2023.10
ISBN 978-7-5596-7175-2

Ⅰ. ①后… Ⅱ. ①李… ②张… ③相… Ⅲ. ①社会学
– 通俗读物 Ⅳ. ① C91-49

中国国家版本馆 CIP 数据核字（2023）第 164864 号

Post-truth by Lee C. McIntyre
© 2018 Massachusetts Institute of Technology
Simplified Chinese edition copyright:
Shanghai Naquan Cultural Diffusion Co., Ltd.
All rights reserved.

后真相

作　　者：[美]李·麦金太尔
译　　者：张美华 相欣奕
出 品 人：赵红仕
策划机构：风之回响 RESONANCE
责任编辑：牛炜征
特约编辑：沈乐慧 顾霄容 于淼 高继书
版面设计：谈伟澄
装帧设计：道　辙 at Compus Studio

北京联合出版公司出版（北京市西城区德外大街 83 号楼 9 层 100088）
北京联合天畅文化传播公司发行
北京美图印务有限公司印刷　新华书店经销

字数：90 千字　　　　　　　　　开本：787 毫米×1092 毫米 1/32 8.125 印张
版次：2023 年 10 月第 1 版　　　 印次：2023 年 10 月第 1 次印刷
ISBN 978-7-5596-7175-2　　　　 定价：49.80 元

版权所有，侵权必究
未经书面许可，不得以任何方式转载、复制、翻印本书部分或全部内容。
本书若有质量问题，请与本公司图书销售中心联系调换。电话：010-64258472-800

献给安迪和乔恩
我热爱智慧的同伴们

客观真理正在从世界消逝。谎言将被载入史册。

——乔治·奥威尔

目 录

前言

当我在2017年春天撰写此书时，没有比"后真相"更热门的话题了。后真相在新闻头条和电视节目中频频出现。在餐厅里、在电梯里，我们总是一遍又一遍听人提起它。如何为这样崭新的、不断演进却又充满争议的话题写一本书？这既有优势，又挑战重重。

本书的调性可能与"基本知识"丛书[*]中的其他书有所不同，这是因为主题的独特性使然。后真相的概念，源于一些人的遗憾感，他们对真相的消隐充满焦虑。就算不带明显的党派偏见，也至少提出了一点假设：在当今的政治舞台上，事实和真相岌岌可危。

鉴于这样的背景，本书接下来的篇章可能不太符合人们对学术书籍的期望，即维持一种冷静的中立。实际上，"冷静的中立"会导致一种虚假的均衡(false equivalence)，

---

[*]　指本书原版所属的麻省理工学院出版社"基本知识"丛书，该丛书针对当下公众感兴趣的主题，由各领域专家提供专业概述。——编者注

这正是后真相本身的标志。后真相辩论的"另一方"，并非那些支持它的人——或者认为后真相是一件好事的人——而是那些否认问题存在的人。（既然我的目标是揭穿真相，）那么写一本关于后真相的书，就是要承认问题存在。因此，在本书的阐述中，我将努力做到诚实，但我不能保证达成平衡。当错误不成比例地倒向某一方时，仍然假装处处平等，就等于对真相这一概念的不敬。

有些人可能会疑惑，后真相的概念确乎是个新概念吗？不就是宣传的同义词吗？"另类事实"（alternative facts）不就是假话吗？事情并非如此简单。虽然就目前的情况而言，的确有若干历史先例——我们将对其进行研究——但试图将后真相简化为其他东西无疑是错误的。至少在美国政治中，声称在塑造人们对经验事物的信念方面，事实不如感觉重要，这一点似乎是崭新的。过去，我们面临严峻的挑战——甚至对真相概念本身都提出了挑战——但像现在这样，公然以之作为一种使现实屈从于政治的策略，确实前所未有。因此，后真相概念的惊人之处，不仅在于真相因之受到挑战，**还在于挑战真相成为一种维护政治主导地位的机制**。因此，如果我们想要理解后真相这个概念的"基本知识"，就无法回避政治。

致谢

我要感谢一些人对本书的贡献。首先，感谢我的妻子约瑟芬(Josephine)，她一直支持我，支持我的想法，并无比期待看到我从事我所信仰的工作。她的建议对于我更好地撰写本书大有裨益。我很幸运拥有一子一女，他们和我一样热爱哲学，并且都用思辨的视角阅读了这份书稿。感谢路易莎(Louisa)和詹姆斯(James)的帮助，让我极大地改进了本书的文风和内容。

特别感谢我的朋友安迪·诺尔曼(Andy Norman)和乔恩·哈伯(Jon Haber)，他们提出了许多意见和批评，帮助我促使该项目成形。毋庸置疑，他们不对本书的最终内容负责，但他们作为争论和思辨的诚挚爱好者，所贡献的灵感如此之大，因此我想把本书献给他们。茱莉亚·罗宾逊(Julia Robinson)是本书文稿的精辟评论员，而戴安娜·罗德里格斯(Diana Rodriguez)则是我最初考虑书中观点时的绝佳辩论伙伴。布赖恩·巴拉什(Bryan Barash)帮助我就假新闻开展了适时的对话。我感谢以上所列诸位。

很幸运本书有三位优秀的审稿人，他们都是匿名的，所以我无法在这里实名致谢。每位审稿人都提出了非常重要的批评意见，对于最终书稿的改进大有裨益。

最后，我要向我的编辑菲尔·劳克林（Phil Laughlin）致以崇高敬意。没有他的远见和指导，本书就不会面世。我还要感谢麻省理工学院出版社的其他所有专业人员，由他们负责出版本书，让我非常自豪。从编辑到设计，从营销到宣传，与他们合作总是很愉快，尤其是本次我与他们合作的第三本书。在这里，我必须对文稿编辑朱迪斯·费尔德曼（Judith Feldmann）表达特别的感激之情，她帮助我在如此匆忙的撰稿过程中规避了许多错误。

我知道本书会取悦一些人，也会激怒一些人。对于这一点以及任何遗留的错误，我全权负责。

第一章
什么是后真相？

在大欺骗的时代，说出真相就是革命性的行动。

——乔治·奥威尔

  "后真相"现象在 2016 年 11 月火速引起公众关注，当年《牛津词典》把它选为 2016 年度词汇。看到这个词的使用频次与2015年相比激增2000%之后，这个选择似乎显而易见又顺理成章。同时入围的其他年度词汇包括"另类右翼"与"脱欧派"，凸显了该年度的政治背景。作为一个包罗万象的短语，"后真相"似乎抓准了这个时代的主题。面对以事实的混乱、论证标准的缺失以及彻头彻尾的谎言为标志的 2016 年英国脱欧投票和美国总统大选，许多人都惊骇不已。如果唐纳德·特朗普(Donald Trump) 可以——无凭无据

地——宣称，要是他败选，那就是因为选举受到操纵，那么事实和真相还有那么重要吗? [1]

选举之后，情况甚至变得更糟了。特朗普——再次毫无事实依据地——声称如果扣除掉那几百万的非法投票，那他实际上是赢了普选(希拉里·克林顿 [Hillary Clinton] 获得了近 300 万张选票)。即便美国 17 个情报机构已达成了共识，特朗普本人仍狂妄地宣称，俄罗斯人并没有非法干涉美国大选。[2] 他的一位顾问似乎欣然接受了这种混乱，声称:"不幸的是，再也没有事实真相了。"[3]

在 2017 年 1 月 20 日宣誓就任总统后，特朗普说出了一连串新的假话:他赢得了自里根总统以来最大的选举胜利(其实他没有);他就职典礼的出席人数堪称美国史上最多(照片证明这是假的，而且华盛顿特区的地铁记录显示当天的地铁客流量还减少了);他在中情局的演讲让听众们起立鼓掌(他从来就不让官员们落座)。二月初，特朗普声称美国的谋杀率达到 47 年来的最高水平(而事实上，联邦调查局的《统一犯罪报告》显示，美国的谋杀率接近历史最低水平)。[4] 最后一点似乎特别离谱，因为在想方设法推动"犯罪率正在上升"这一观点的过程中，特朗普早些时候在共和党大会上说出的瞎话又被翻出来了。当在这个问题上受到质疑时，当时的特朗普代言人纽特·金里奇(Newt Gingrich)与美国有线电视新闻网(CNN)记者艾莉森·卡梅罗塔(Alisyn Camerota)在镜头前进行了以下令人难以置信的对话：

卡梅罗塔	暴力犯罪减少了。经济正在好转。
金里奇	在那些最大的城市，并没有减少。
卡梅罗塔	暴力犯罪、谋杀率在下降。确实减少了。
金里奇	那芝加哥、巴尔的摩、华盛顿怎么都在上升?
卡梅罗塔	确实有个别地区还没解决谋杀问题。
金里奇	这是你们的首都，你们的第三大城市——
卡梅罗塔	但全国总体的暴力犯罪减少了。
金里奇	我敢跟你打赌，今天上午，任何一个普通美国人都不会认为犯罪减少了，也不会认为我们更安全了。
卡梅罗塔	但事实正相反。我们确实更安全了，而且犯罪也确实减少了。
金里奇	不，那只是你的观点。
卡梅罗塔	这是一个事实。这些是联邦调查局提供的

全国性事实。

金里奇 但我说的也是事实。……目前的观点是，自
由派有一整套统计数据，这在理论上可能
是正确的，但它并不是人类的真实状态。

卡梅罗塔 请您稍等，议长先生，您的意思是，这些自
由派在玩数字游戏。可是，这些是联邦调
查局的统计数据。联邦调查局并不是一个
自由派组织，而是一个打击犯罪的组织。

金里奇 是的，但我说的同样正确。人们感觉威胁
增加了。

卡梅罗塔 感觉到了，是的。他们感觉到了，但这种
感觉并没有事实依据。

金里奇 作为一个政治候选人，我会与人民的感受
同在，而你却和理论家为伍。[5]

你可能会想到，同样令人不寒而栗的交流出现在乔
治·奥威尔的反乌托邦小说《1984》之中，发生在仁爱部的
地下室里。事实上，现在有些人担心我们正在奔向那个黑
暗的前景，威权国家的建立，第一个牺牲品便是真相。

《牛津词典》将"后真相"定义为"诉诸情感和个人信仰

5

比用客观事实更能影响公众舆论的种种情况"。就此而言，"后真相"强调前缀"后"(post)，并不是要表明(如在"战后"[postwar]一词中)我们所认为的时间意义上的"过去"，而是真相已黯然失色，变得无关紧要。许多哲学家对此争论不休，但值得注意的是，这不仅仅是一场学术争论。2005年，斯蒂芬·科尔伯特(Stephen Colbert)创造了"感实性"(truthiness)一词(定义为：即使不一定有事实支持，也因为**感觉**真实而相信)，以此回应乔治·W. 布什(George W. Bush)过分依赖他的"直觉"做出重大决定的行为——例如提名哈里特·迈尔斯(Harriet Miers)为美国最高法院大法官，或者在没有足够证据证明大规模杀伤性武器存在的情况下在伊拉克开战。当"感实性"这个词被创造出来时，它被当作一个大笑话，但渐渐地，人们不再笑了。[6]

在英国，脱欧的宣传活动也往往并无事实依据，数百辆公共汽车宣扬英国每周向欧盟七国贡献3.5亿欧元的虚假统计数据；[7]许多人将后真相视为下述日益增长的国际趋势的一部分，即有些人确实敢于扭曲现实以服务自己的观点，而不是依据现实调整观点。在这种宣传活动中，事实未必无关紧要，而是确信在某一政治背景之下，事实总是可以被遮蔽、选择和呈现，使其有利于对真相的某一

6

种解释。也许这就是特朗普的竞选负责人凯莉安妮·康韦(Kellyanne Conway)的意思，她说新闻发言人肖恩·斯派塞(Sean Spicer)打算呈现总统就职典礼出席人数的"另类事实"，[8]而当时特朗普似乎对美国公园管理局官方照片显示的数千个空座位尤为恼火。

那么，后真相只是在撒谎吗？这仅仅是政治手段吗？这样说并不准确。正如当前辩论中所提出的，"后真相"一词具有不可通约的规范性。这是那些关心真相概念的人提出的，他们觉得真相在受到攻击。但那些只是想就争议话题讲述"另一面向"的人呢？真的有理由支持另类事实吗？单一客观真相(a single objective truth)的想法从未免于争议。承认这一点就注定是保守派吗？抑或是自由派？又或者可以是一种融合？因为几十年前主要是左翼相对主义者和后现代主义者在攻击真相观念，现在这种攻击已经在很大程度上被右翼政客所采用。

哲学中的真理/真相(truth)概念可以追溯到柏拉图。柏拉图(通过苏格拉底)警告，错误的主张会给知识带来危险。苏格拉底认为，无知是可以弥补的。如果一个人是无知的，他可以被教导。更大的威胁来自那些傲慢地认为自己已经知晓真相的人，因为那样他可能因不辨真假而草率行事。就此而言，至少需要给真理／真相一个最起码的定义。也许最著名的定义如亚里士多德所言："凡以不是为是，是为不是者，就是假。凡以是为是，以假为假，就是真。"[9]自然，数个世纪以来，哲学家们一直在争论这种"符合论"（correspondence）的观点是否正确，即我们仅需通过其与现实的吻合程度来判断某一陈述的真实性。其他关乎真理的重要概念（融贯论、实用论、语义论）反映了哲学家们对何谓适当的真理**论**所持有的不同意见，但作为一种价值，真理的重要性似乎甚少受到争议。[10]

然而，目前来看，手头的问题并不在于我们是否拥有恰当的关乎真理的理论，而是如何理解人们**颠覆**（subvert）真理／真相的不同方式。第一步，先要承认我们有时会犯错误，还会无意间说出不真实的事情，这一点很重要。在这种情况下，一个人说的是"假话"（falsehood），而非谎言（lie），因为这个错误不是故意犯下的。接下来是"故意无知"（willful ignorance），即我们并不真正知道某事是否属实，但我们还是说了出来，没有费心费时去查证我们的信息是否正确。在这种情况下，我们可以理直气壮地责怪说话者的懒惰，因为如果事实易于获得，那么说假话的人似乎至少要对无知和疏漏承担部分责任。最后才是谎言，也

8

就是为了误导他人而有意说出假话。这是一个重要的转折点，我们已经跨越到一个新的阶段，即明明我们知道所言不实，却也要说出来去欺骗另一个人。根据定义，每个谎言都需要有听众。如果没有人在听（或者我们确信没有人会相信），我们可能觉得不必为说假话负责。但是当我们的意图是操纵某人，使之相信**我们明知不真实**的事情时，我们已经从仅仅"解释"事实进入到了伪造事实。而这就是所谓的后真相吗？

上述两个阶段之间的界限可能并不明晰，从一个阶段转移到另一个阶段是非常含糊的事情。特朗普第一次说他的国家安全顾问和俄罗斯官员之间压根儿没有在他就职总统前交流过，可能是故意无知。但是，当他自己的情报部门随后透露已经向他就此提交简报时——特朗普却仍然持续否认了**两周多**——人们就要开始揣测其意图了。在特朗普不断重申，如果没有数百万张非法选票，他本可以赢得普选之后，《纽约时报》(New York Times) 做出一个大胆的决定，在他就任总统仅三天之后，就刊登了一篇头条文章，称特朗普撒谎了。[11]

人们可以与真相建立起其他有趣的联系。哲学家哈里·法兰克福(Harry Frankfurt)在其轻快犀利而又严谨的著作《论扯淡》(*On Bullshit*)中指出，当一个人在胡说八道时，并不一定是在说谎，可能只是表现了对真实情况的粗心与冷漠。特朗普是这种情况吗？人们对真相还抱有其他更为偏颇的态度。当金里奇声称人们对谋杀率的感觉比联邦调查局的统计数据更重要时，人们怀疑他只是愤世嫉俗。他算得上是某种类型的后真相推动者。那些"歪曲"真相使之对自己最为有利的政治骗子，(和大多数其他人一样)完全知晓他们正在做什么，他们不仅仅是在胡说八道，因为他们目标明确，意图影响他人。然而，后真相也以一种更加恶劣的形式存在。这涉及自欺和妄想，有人确实错误地相信一种谎言，即几乎所有可信来源都具有争议。就后真相最纯粹的形式而言，它指有人认为大众的反应实际上**确实**改变了有关谎言的事实。专家们可能会争论特朗普究竟属于何种情况：他到底是骗子、冷漠、愤世嫉俗，还是妄想。但不管属于哪种情况，他的所有言论似乎都对真相充满敌意，足以称之为后真相。

作为一名哲学家，我不禁觉得所有这些形式的后真相都是可悲的。尽管阐明它们的差异，并理解人们可以通过多种方式躲藏在后真相保护伞之下，这似乎很重要，但对于真正关心真理／真相概念的人来说，以上种种都无法接

10

受。但棘手的部分，并非在于解释无知、说谎、愤世嫉俗、冷漠、政治手段甚至妄想。几个世纪以来，我们一直与它们共存。相反，后真相时代看起来新鲜的事物，不仅对**认识现实**这一观念提出了挑战，也对现实本身的存在提出了挑战。当一个人被误导或欺骗时，他或她很可能会付出代价；好比说，仅仅对一种新药抱有希望，并不足以治愈心脏病。但是，当我们的领导人——或者我们社会中的多数人——都否认基本事实时，后果可能是惊天动地的。

南非总统塔博·姆贝基(Thabo Mbeki)声称，抗逆转录病毒药物是西方阴谋的一部分，而大蒜和柠檬汁可用于治疗艾滋病，这导致了超过30万人死亡。[12]当特朗普总统坚持认为气候变化是中国政府为了破坏美国经济而发明的一个骗局时，[13]其长期后果可能同样具有破坏性，甚至更严重。然而，我必须声明，这里真正的问题不仅在于任何特定(令人发指的)信念的内容，更在于总体思路，即认为某些事实比其他事实更为重要——取决于人们想要让什么东西成为事实。气候变化的否认者不仅是不相信事实，他们只想接受那些能够支持其意识形态的事实。像所有阴谋论者一样，他们觉得自己有权采用双重标准，即他们(没有任何依据地)相信世界气候科学家大肆宣传气候变化证据是全球阴谋的一部分，同时会选取最有利的科学统计数据，并据此声称全球气温在过去的二十年里没有上升。[14] 否认者和其他空想家通常对他们不想相信的事实抱有一种高得令人厌恶的怀疑标准，同时彻底轻信任何符合他们期待的事实。主要依据在于：什么有利于他们固有的信念。[15] 这并不是摒弃了事实，而是破坏了以可靠的方式收集事实，并以可靠的方式塑造一个人对现实的信念这一过程。事实上，拒绝承认这一点，会破坏这样一种观念，即**一件事情的真假与我们如何看待它们无关**，努力找出这些真相才符合我们自己（以及政策制定者）的最佳利益。

我之前曾将这一切描述为"尊重真相"，并悦纳那些通常能引领我们抵达真正信念的探究方法——比如科学。[16] 如果有人坚称真相无关紧要，或者说没有真相这样的东西，那我确实不知道能对他们说什么。然而，这确乎是后真相现象的真正含义吗？如果查阅《牛津词典》上的定义，并回顾上述种种在最近的公开辩论中是如何发挥作用的，你就会明白，后真相与其说是声称真相**不存在**，不如说是**指事实从属于我们的政治观点**。《牛津词典》的定义侧重于后真相是"**什么**"：其思想核心在于，有时感觉比事实更重要。但下一个问题同样重要，那就是，**为什么**会发生这

13

后真相等同于某种形式的意识形态霸权，
即无论是否有充分的证据，其践行者都
试图强迫他人相信某事。

种情况。某人不会无缘无故地对明显或易于确认的事实提出异议，会这样做只因为对其有利。当一个人的信念受到"不利事实"的威胁时，他们有时会倾向于质疑这个事实。这既可能发生在有意识的层面，也可能在无意识层面发生（毕竟有时我们试图说服的人是我们自己），但关键是这种现象与事实之间的后真相关系，只有当我们试图主张某些东西比真相本身更重要时才会发生。因此，后真相等同于某种形式的意识形态霸权，即无论是否有充分的证据，其践行者都试图强迫他人相信某事。这就是政治统治的秘诀。

但上述观点是可以且应该受到质疑的。我们是否真的希望生活在这样一个世界：在其中，我们根据感受而非在现实中的效果来制定政策？人类这种动物可能天生就会对自身的迷信和恐惧给予若干信任，但这并不意味着我们不能训练自己对证据采取更严格的标准。可能确实存在适当的理论，用以质疑我们认识客观真相的能力，但这并不意味着认识论家和批判理论家生病时不用去看医生。政府也不应该因为"感觉"犯罪率正在上升而建造更多监狱。

那该怎么办？对抗后真相的第一步，是了解它的起源。依某些评论家之见，后真相的概念是在2016年突然出现的，但事实并非如此。由于英国脱欧和美国总统大选，

14

"后真相"一词最近可能高频出现，但这种现象本身有着数千年的深厚根源，可追溯到自由派和保守派所共有的认知非理性(cognitive irrationalities)的演变。正如前文所提及的，它也源于有关客观真理之不可能性的学术辩论，它们被用来攻击科学的权威性。最近大众传媒格局的变化加剧了这一切。然而，在试图理解后真相现象时，我们有幸得到一个现成的路线图指引。

在过去二十年里，对于气候变化、疫苗和进化等主题的科学否定论呈爆炸式增长，我们见证了当前在后真相中所用策略的诞生。我们与生俱来的认知偏差、对真理问题的学术争论以及对大众传媒的利用，已经在右翼对科学的攻击中占有一席之地。只是，当前的"战场"包含了现实中的所有事实。曾经的争论只针对不受欢迎的科学理论，而现在，来自美国公园管理局的照片或美国有线电视新闻网的录像带也都被纳入其中。

15　尽管这看起来有点陌生且令人困惑，可后真相现象既不难以一眼看穿，也不那么晦涩难解。不过，它也没有简单到用"特朗普"这一个词便足以使人理解。在一个政客们可以质疑事实**且不付出任何政治代价**的世界里，后真相现象比任何个人都重要。后真相存在于我们自己以及我们的领导者身上。其背后的力量已经蓄积了相当长的时间。正因如此，我相信可以通过探察导致后真相的因素，来取得对后真相的最佳理解。尽管英国脱欧投票和美国总统大选似乎与后真相有着千丝万缕的联系，但这都不是原因——它们是结果。

科学否定论：理解后真相的路线图

先生，当事实改变，我也会改变主意。你呢？

——约翰·梅纳德·凯恩斯（John Maynard Keynes）

　　过去几十年，科学界发生的事情预示了后真相的到来。科学结果一度因其方法的权威性而受到尊重，现在却遭到大批非专家的公开质疑。需要指出的是，科学结果通常会在科学家内部进行程式化的验证，但这不是我们在此处谈论的内容。

　　当某位科学家提出一个理论时，预计它将通过同行评议、尝试重现，并对经验事实进行最高级别的核验。执行上述步骤的规则相当透明，因为它们服务于科学价值，即经验证据在评估科学理论中至关重要。但是，即使采取了最严格的保护措施，也可能会发生错误。这个过程可能非常苛刻，但科学界有必要尽可能确保只有好的理论才能过关。因此，如果没有披露全部潜在的偏见来源，如利益冲突或资金来源，就会被视为严重缺陷。既然已有如此高水平的科学自我检验，为什么非科学家们会觉得有必要质疑科学的结果？他们真的认为科学家会懈怠吗？大多数情况下，并不会。然而，那些发现自己的意识形态信仰与科学结论相冲突的人，却常常散播这种主张。[1] 在某些情况下，外行会认为对科学家的动机和能力提出质疑更符合其自身的利益。这就是"科学否定主义"(science denialism)诞生的根源。

对于那些不喜欢某些特定科学结果的人而言，最常见的说法之一，是发现这个科学结果的科学家存在偏见。在某种程度上，人们认识到非经验性(宗教、政治)信念可能对实证调查产生有害影响，这是对科学之高标准的尊重。不幸的是，情况通常并非如此。事实上，对于那些反对特定科学发现的人来说，在"开放"和"公平"的幌子下，他们很容易将**自己的**意识形态应用于某个研究领域，对其进行检验(尽管他们可能会否认自己的作为)。其目标是一种愤世嫉俗的尝试，以削弱科学之公平性的观点，并挑拨起关于实证研究是否真的价值中立的怀疑。一旦这一目的达成，似乎就为转而考虑"其他"理论迈出了一小步。毕竟，如果一个人怀疑**所有**科学都存在偏见，那么去思考一个可能被自己的意识形态信仰所败坏的理论，似乎就没那么过分了。

然而，另外一些批评者则有点狡猾，他们声称其所指摘的科学家本身没有坚持良好的科学标准，他们宣称这些科学家思想封闭，只顾自身利益。其中一些建立在对科学运作方式的直接误解（或愤世嫉俗的利用）之上，错误地以为科学家们只要收集足够的证据，就可以证明一个理论。但这并非科学的运作方式：无论证据多么完善，科学理论都无法被证明是真理。无论经过多么严格的检验，每一个理论都"只是一个理论"。[2] 有鉴于科学证据的收集方式，理论上而言，未来总是有可能出现一些数据，可供反驳某个理论。这并不意味着科学理论不合理或不值得相信。但这确实意味着，在某些时候科学家必须承认，即使提出最强有力的解释，也不能使理论成为**真理**，而只能基于证据的正当性来提供强有力的信念。那些声称**他们**是真正科学家的人常利用这种所谓的科学推理的弱点，即如果科学是一个开放的过程，那么它就不应该排除任何替代理论。他们相信，在某个理论得到绝对证明之前，任何一个与之相互竞争的理论都有可能是正确的。[3]

我坚持认为，科学不应当因其在认识论上的特点而感到尴尬，而应该将其视为寻求真相的美德。基于证据断言一个科学理论是有根据的，这绝非易事。事实上，如果人们希望对经验解释采取最高标准，为什么那些与科学理论竞争的伪科学理论不承担举证责任？如果"证明"游戏打不赢，我们就玩"证据"游戏，那么**你的**证据在哪里，不妨用这个问题来问问科学否定论者。在这样的盘问之下，科学否定论者通常无力回答。然而，对于那些对科学的实际运行知之甚少甚至一无所知的人来说，人们无法"证明"像进化论这样的理论，这似乎是科学的一个超乎寻常的弱点——也是替代性理论取而代之的绝佳机会。（当然，从技术角度讲，我们也无法"证明"地球是圆的。）[4]

近年来最突出的例子就是气候变化。尽管在科学界几乎没有人质疑全球气温在上升，且人类活动是其主要原因，但公众被蒙蔽，认为这个问题存在极大的科学争议。这件事已有人很好地讲述了，我在此只进行简要总结。[5]我的目标与之不同，我意在表明科学否定论的现象通常是相关联的，可供作为理解后真相现象的一种方式。但要做到这一点，我们可能应该再往前回溯，回到 20 世纪 50 年

21

代,当时烟草公司意识到,关于吸烟是否会导致肺癌患病率增加的疑虑,会对他们的既得利益产生影响,随后科学否定论的现象真正开始抬头。

"我们正是要撒播怀疑的种子"

科学否定论可以出于经济或意识形态上的原因。最常见的是由利益遭受损失的人首先发起,随后由陷入错误信息的人继续推动。阿里·拉宾-哈夫特(Ari Rabin Havt)在他的《谎言公司》(Lies, Incorporated)一书中,通过探讨企业资助的游说(和撒谎)如何影响有关气候变化、枪支、移民、医疗保健、国债、选民改革、堕胎和同性婚姻的政治立场,加深了我们对经济利益与后真相政治之间联系的理解。[6]

关于科学否定论如何在有关吸烟的辩论中诞生的历史,有几个不错的资源。在《贩卖怀疑的商人》(Merchants of Doubt)中,内奥米·奥利斯克斯(Naomi Oreskes)和埃里克·康韦(Erik Conway)追溯了烟草业研究委员会(Tobacco Industry Research Committee, TIRC)的科学家们制定的策略如何成为科学否定主义蓝图的历史。[7]对于理解看似基于政治的反对如何根植于金钱利益而言,这个故事中的经济层面,而非后来延伸出的意识形态至关重要。这一

22

点也印证了大量(由石油利益集团资助)的草根团体何以反对气候变化的故事，也预告了我们稍后将讲述的假新闻如何从追求利润的标题党演变为随处滋生的假信息。

故事开始于1953年纽约市的广场酒店(Plaza Hotel)。大烟草公司的领导者们齐聚一堂，商订怎样应对最近发表的一篇对他们而言具有毁灭性打击的论文，此文将香烟焦油与实验室老鼠的癌症联系起来。峰会的领导者是公共关系界的传奇人物约翰·希尔(John Hill)，他建议与其继续争论谁家香烟更健康，不如寻找一种团结的办法，通过赞助更多"研究"来"对抗科学"。高管们同意资助这项工作，并由希尔新创立的烟草业研究委员会来主持开展，该委员会的任务是让公众相信"没有证据"表明吸烟会导致癌症，而之前声称存在这种联系的研究工作受到了"众多科学家"的质疑。[8]

这的确奏效了。科学表明吸烟和癌症之间"没有决定性的联系"(因为科学永远无法对任何两个变量做到这一点)，[9]利用这样的观点，烟草业研究委员会在众多美国报纸上刊登了整版广告——覆盖了4300万读者——这就对一个接近达成共识的科学问题造成了混乱和怀疑。正如拉宾-哈夫特所言：

烟草业研究委员会的成立是为了质疑吸烟会导致癌症的科学共识，让媒体相信关于烟草带来风险的故事具有两面性，每一面都应该得到同等重视。它最终试图引导政治家掉转方向，以免损害烟草公司的经济利益。[10]

接下来，这个故事持续了 40 年——即使面对进一步确证烟草有害的科学研究依然如此——直到 1998 年，作为 2000 亿美元和解协议的一部分，烟草公司最终同意关闭烟草业研究委员会的继任机构（并在此过程中披露了数千份内部文件，表明其一直都知道真相），以保护自己免受未来的诉讼。然后，烟草公司们可以毫无顾忌地将产品销售到原本应该知晓风险的全球市场。它们为何如此行事？显然，这 40 年的利润肯定远远超过了所付出的成本，但一旦证据确凿，真正打起官司，这些公司肯定早已经盘算过，他们未来的利润也一定会远远超过为和解支付的 2000亿美元。不到十年后，根据《反诈骗腐败组织集团犯罪法》（Racketeer Influenced and Corrupt Organizations Act, RICO），这些烟草公司因密谋隐瞒早在 1953 年就知道的吸

24

烟和癌症之间的关联而被判犯有欺诈罪。[11]

然而，科学否定论的问题还远未结束。因为现今已有一幅蓝图，其他对抗科学家的人可以仿效行事。在《贩卖怀疑的商人》中，奥利斯克斯和康韦详细解释了这幅蓝图。事实上，作者提供的证据不仅表明其他科学否定论者遵循了"烟草战略"，而且涉及到同一拨人。[12]1969年，一位烟草高管撰写的声名狼藉的内部备忘录中这样说："我们正是要散播怀疑的种子，因为它是与存在于公众头脑中的'事实主体'进行竞争的最佳手段。"从那以后，需要如何去做就已昭然若揭。[13]当然是去寻找并资助自己的专家，借此向媒体暗示这个故事有两面性，通过公共关系和政府游说推动你所倾向的这个方面，并利用由此产生的公众混乱来对你想要争议的任何科学结果提出质疑。

按照奥利斯克斯和康韦的解释，这一策略在后来关于里根的"战略防御计划"、核冬天、酸雨、臭氧空洞和全球变暖的科学"争论"中都得到了成功应用。[14]这些活动的部分资金甚至来自烟草业。当气候变化在21世纪初成为党争议题时，企业资助的科学否定论机制堪称一台运转良好的机器：

科学上的分歧既然可以炮制，为什么还要寻找？

当一个人的意见可以通过恐吓媒体或通过公共关系传播时，为什么还要费心进行同行评议呢？

当你可以用行业资金对政府官员施加影响时，为什么还要等待政府官员得出"正确"的结论？

受雇专家炮制的虚假研究被转化为话题和梗
（memes），然后在电视上通过付费广告重复播放，在
社交媒体上传播，在必要时还通过付费广告活动深深
植入公众意识。[15]

科学上的分歧既然可以炮制，为什么还要寻找？当一
个人的意见可以通过恐吓媒体或通过公共关系传播时，为
什么还要费心进行同行评议呢？当你可以用行业资金对政
府官员施加影响时，为什么还要等待政府官员得出"正确"
的结论？所有这一切当然足以令人震惊并生出愤世嫉俗之
心，但这仅仅是当今通向后真相道路上的一站。2016年之
后，当真相这一概念本身受到质疑时，何必再忧心于泄露
的备忘录、确凿的证据和自相矛盾的录像呢？那些人怎么
知道可以把事情做到如此程度？因为这些策略在接下来的
运动中取得了成功：反对全球变暖。

气候变暖及其他

在现代科学否定论的案例中，全球变暖可能是最恶劣
的一个。如前所述，已有大量探讨炮制"怀疑主义"骗局的
长篇著作，这些骗局的目的在于挑战确凿的科学证据，质

疑导致气候变化的人为因素。在《贩卖怀疑的商人》中，奥利斯克斯和康韦把从 20 世纪 50 年代开启的"烟草战略"与今时今日关于全球变暖的"争论"直接联系在一起。在气候变暖的"争论"中，资金似乎来自化石燃料行业，而相关的"智库"是哈特兰研究所(Heartland Institute)。令人沮丧的是，哈特兰研究所背后最早的资助来自烟草巨头菲利普·莫里斯公司(Philip Morris)。[16] 这些年来，该机构的其他若干资助来自于埃克森美孚(ExxonMobil)和科赫兄弟(Koch brothers)，那也就不足为奇了:[17]

> 哈特兰研究所在 1998 年至 2010 年期间从埃克森美孚获得了超过 730 万美元的资助，在 1986 年至 2010 年期间从查尔斯·科赫和大卫·科赫的附属基金会获得了近 1440 万美元资助，他们的公司科赫工业拥有大量的石油和能源。[18]

自 2008 年以来，埃克森美孚声称已停止资助所有否认气候变化的组织。[19] 与此同时，调查人员发现，尽管埃克森美孚正在花钱掩盖气候变化的事实，但一旦极地冰盖融化，他们就计划在北极探索新的钻探机会。[20] 哈特兰研究所现在警告说，他们将起诉任何暗示其正在从化石燃料利益集团获取资助的人。由于他们已停止披露资金来源，人们不得不相信他们的话。然而，有一点是毫无争议的，哈特兰研究所接受了《经济学人》对他们的描述(这条信息出现在他们自己的网站上)——"宣扬对人为导致气候变化之说持怀疑态度的全球最知名智库"。[21] 根据若干泄露的文件，人们还是可以对他们的策略窥得一斑，《纽约时报》将其描述为"破坏公立学校关于全球变暖的教学，[并] 推广一种课程，以引发对科学发现的质疑，使人误以为化石燃料排放不会危及地球的长期福祉"。[22]

当然，哈特兰研究所绝非唯一一对气候变化提出异议的组织。早期还有爱迪生电气集团(Edison Electric Group)、美国国家煤炭协会(National Coal Association)、西部燃料协会(Western Fuels Association)等行业支持的组织，以及气候委员会(Climate Council)和环境信息委员会(Information Council on the Environment)等行业资助的公关组织都在其列。这些组织之于全球变暖，似乎就如烟草业研究委员会之于烟草。[23] 在 2015 年乔治·C.马歇尔研究所关闭之前，它在挑起对气候变化(以及二手烟、酸雨和臭氧空洞)的怀疑态度上一直表现突出，尽管其得到了来自化石燃料行业的若干资助，但也有人怀疑，他们的拒绝"大政府"解决社会问题的政治意识形态，可能也是一个关键的推动力。[24] 甚至一些在大学任职的科学家(他们在哈特兰研究所的活动中发言时受到摇滚明星一般的待遇)也对气候变化提出了一些质疑。但声称气候变化没有"科学共识"——或者说它不是"已有定论的科学"——似乎是个笑话。

2004 年，研究人员发表了对当时 928 篇关于气候变化的科学论文的文献综述，发现其中没有任何一篇对人为因素导致气候变化之说的真实性提出异议。[25] 在2012年对这些发现的最新研究中，另有研究人员发现，在总计 13,950 篇论文中，持不同意见的仅占0.17%。[26] 2013年，一次针对经同行评议的 4,000 篇表达气候变化立场的论文展开的调查发现，97% 的人认同全球变暖是由人类活动引起的。[27] 与此同时，根据最新的民意调查，却只有 27% 的美国成年人认为"几乎所有气候科学家都同意人类行为对气候变化负主要责任"。[28] 公众不仅普遍疑惑气候变化是否真实，还普遍疑惑科学家是否已就此达成共识。为什么会如此？这是因为，在过去的二十年里，这种怀疑是由那些既得利益者厚颜无耻地炮制出来的。

1998 年，美国石油协会（American Petroleum Institute, API）……在其华盛顿特区办事处召开了一系列会议，讨论业界对主要气候条约（《京都议定书》[Kyoto Protocol]）的潜在反应，当时该条约就减少全球温室气体排放问题正处于磋商阶段。与会者中有来自全美最大石油公司的代表，包括埃克森美孚、雪佛龙（Chevron）和南方公司（Southern Company）。[29]

一定有人想知道，约翰·希尔和 1953 年烟草高管们的幽灵是否也出席了会议。这次会议的议程可能原本是打算保密的，但由于几乎立刻泄露，公众不必再苦等四十年才能知晓他们讨论了些什么。[30] 后续行动备忘录部分内容摘录如下：

获胜条件：

·普通公民"理解"（认可）气候科学的不确定性，对于不确定性的认可成为"大众认知"的一部分；

·媒体"理解"（认可）气候科学的不确定性；

·媒体均衡报道气候科学，并认可挑战当前"大众认知"的观点的有效性；

·行业高层领导了解气候科学的不确定性，使他们成为影响气候政策制定者的更强有力的大使；

·让那些基于科学范畴(原文如此)推动《京都议定书》的人显得(原文如此)与现实脱节。[31]

"烟草战略"和美国石油协会行动计划之间具有高度相似性，让人无法忽视。正如人们在泄露的会议备忘录中所读到的那样，实施该策略的关键在于(1)"识别、招募并培训一个由五名独立科学家组成的团队参与媒体宣传"，(2)"建立一个全球气候数据中心……作为非营利的教育基金会"，以及(3)"为议员们提供信息和教育"。上述种种看起来是否眼熟？

我相信我们可以就此打住了。尽管接下来的故事也很耐人寻味，但您完全可以参考本章中引用的资源来了解其余部分。最重要的是，尽管美国石油协会的策略在制定后不到一周就完全公开了，但它仍然取得了极大的成功。"事实"并不重要。媒体现在已经训练有素，可以在任何"有争议的"科学问题上反射性地呈现"故事的两面"。因采用支持自身立场的事实，彻底摒弃表明相左立场的事实，这似乎是创造新的后真相现实的重要组成部分。

此，公众仍然充满疑惑。我们的新总统(以及参议员詹姆斯·英霍夫 [James Inhofe] 和特德·克鲁兹 [Ted Cruz] 等其他著名共和党人)继续宣称气候变化是一场骗局。

后真相带来的影响

今天的政客们不可能丢弃从这些科学否定论的案例中习得的一切。显然，人们甚至不必再隐藏自己的策略了。在可以设想的党派之争中，通常无须查看证据、只要"站队"就足够了，错误信息可以被公开传播，事实核查反遭轻视。采用支持自身立场的事实，彻底摒弃表明相左立场的事实，这似乎是创造新的后真相现实的重要组成部分。对于那些关心事实和真相的人来说，这似乎令人难以置信，但那些希望达成政治目的的人既然无须为此付出任何政治代价，又何必费心去掩盖他们的行径呢？当唐纳德·特朗普持续多年煽动"质疑(奥巴马)出生地"的阴谋论并当选总统时，他肯定已从中明白了这一点。当一个人的支持者关心立场胜于证据时，事实可能真的要为意见让步了。

我们在今天的后真相世界中看到的策略，是人们从否认真相者的早期运动中学到的，他们想与科学共识做斗争，并且的确取得了胜利。如果人们可以否认有关气候变化的事实，那为什么不能否认有关谋杀率的事实呢？[32]如果持续数十年的错误信息和怀疑可以掩盖烟草与癌症之间的联系，为什么不能对其他意图政治化的问题也如此行事呢？正如我们所见，这是同一种策略，拥有同一个根源；只不过如今它着眼于一个更大的目标，那就是现实本身。在意识形态胜过科学的世界里，势不可当的正是后真相。

第三章

认知偏差的根源

人们只会照着自己的意愿预测未来，而大部分令人
难以接受的事实，即便显而易见也会被人忽略。

——乔治·奥威尔

  后真相最深切的根源之一，却与我们相伴最
久，它贯穿于整个人类进化史，并植入我们的大
脑结构之中，那就是认知偏差。几十年来，心理
学家一直在进行实验研究，证明我们并没有自认
为的那样理性。其中一些研究直接涉及我们在面
对意料之外或令人不安的真相时会有何种反应。

  人类心理学的一项中心概念在于，我们想
要尽力避免心理上的不适。自卑不是一件愉快
的事。根据弗洛伊德理论，一些心理学家称之
为"自我防御"（ego defense），但无论我们是否在

此范式中构建这个概念，概念本身是很清楚的。对我们来说，认为自己绝顶聪明、见多识广、才能出众，自然感觉会更好，反之则不然。一旦我们面对的信息表明自己相信的某些事情是不真实的，我们会有什么感受？势必会造成心理张力。聪明如我竟然相信了假话？"我真是个傻瓜！答案一直就在眼前，我却难以看清。我一定是个白痴。"面对如此猛烈的自我抨击，只有最强大的自我才能长久维持；这种张力通常需要得到化解，于是只有改变自己的信念。

然而，重点在于改变的是哪种信念。人们可能会认为，应当去改变被证明错误的信念。如果我们弄错了某个经验现实(empirical reality)上的问题，当我们最终面对证据时，通过改变现在我们有充分理由怀疑的部分，似乎最容易使我们的信念体系恢复到原来的和谐状态。但现实情况并非总是如此。有很多方式可供调整信念集(belief set)，有些是理性的，有些并不理性。[1]

社会心理学的三个经典发现

1957 年，利昂·费斯汀格(Leon Festinger)出版了他的先驱性著作《认知失调理论》(*A Theory of Cognitive Dissonance*)，书中他提出了这样一个观点：我们在信念、态度和

37

行为之间寻求和谐；当它们失去平衡时，我们会体验到心理不适。在寻求化解的过程中，我们的首要目标是保持一种自我价值感。在一个典型的实验中，费斯汀格给受试者一项极其无聊的任务，其中一些人的任务报酬是1美元，另一些人是20美元。要求受试者在完成任务后告知随后将要执行任务的人：这件事是轻松愉快的。费斯汀格发现，获得1美元的受试者比获得20美元的受试者更享受这项任务。为什么？因为他们的自尊岌岌可危。什么样的人会为了1块钱去做一件毫无意义、毫无用处的工作，除非它真的是轻松愉快的呢？为了缓解不和谐的感觉，他们改变了这项任务很无聊的看法(而那些能得到20美元的人对他们完成这项任务的理由不会产生任何错觉)。在另一个实验中，费斯汀格让受试者举起抗议标语，标明他们实际上并不相信的诉求。不可思议！这样做之后，受试者开始觉得这些诉求实际上比他们最初认为的更有价值。

但是，当我们的投入远远超过一项无聊工作或举一块牌子时，又会如何？如果我们在某件事上公开表态，甚至为之献身，到头来却发现自己被欺骗了呢？费斯汀格在《末日崇拜》(The Doomsday Cult)一书中分析的正是这种现象，该书中他报道了一个名为"探索者"(The Seekers)的小

38

组的活动，该组织相信他们的领导人多萝西·马丁(Dorothy Martin)能够解读外星人的信息，那些外星人会在1954年12月21日世界末日到来前拯救他们。他们卖掉所有的财产后，在山顶上等待着，结果发现外星人从未出现(当然，世界也从未终结)。认知失调肯定非常严重。他们是怎么解决的？多萝西·马丁很快用一条新的信息鼓舞了他们：鉴于他们的信仰和祈祷如此强大，以至于外星人决定取消了计划。探索者就此已经拯救了世界！

在外人眼里，很容易把这些当作上了当的傻瓜的信仰；然而在费斯汀格和其他人的进一步实验中发现，我们所有人或多或少都会因认知失调而受到伤害。当我们加入一个离家太远的健身俱乐部时，会这样告诉朋友们：由于锻炼强度太大每周只需要去一次，这样就可以证明我们的购买是合理的；当我们没有在有机化学课上拿到想要的分数时会告诉自己，无论如何，反正我们不是真的想上医学院。但是，认知失调还有一个方面不应被低估，那就是当我们被一些有同样信念的人包围时，这种"非理性"倾向往往会增强。如果只有一个人相信"末日崇拜"(doomsday cult)，也许他或她会自杀或藏匿起来。但是当一个错误的信念被其他人认同时，即使是最不可思议的谬误，有时也能被合理化。

所罗门·阿希(Solomon Asch)在1955年所写的开创性论文《意见与社会压力》("Opinions and Social Pressure")中，证明了信念具有社会性的一面，因此，如果我们认为自己的信念与周围人不相符，我们甚至可能会低估自己感知到的证据。简言之，同侪压力是会起作用的。正如我们在自己的信念中寻求内部和谐一样，我们也在寻求，保持与周围人信念一致。阿希在其实验中召集了7到9名受试者，除1人外，其他人都是"同盟者"(也就是说，他们"参与"了为实验而设计的骗局)。没有"参与"的那个人是唯一的实验对象，他总是被安排在桌子的最后一个座位上。实验中给受试者展示一张上面有一条线的卡片；随后再展示另一张上面有三条线的卡片，其中一条线和前一张卡片上的线条长度相同。第二张卡片上的另外两条线则在长度上"大不相同"。随后，实验人员在小组中四处走动，让每个受试者大声说出第二张卡片上的三条线中哪一条与第一张卡片上的线长度相等。在最初的几次实验中，同盟者正确地报告结果，实验对象当然也表示同意。但后来，事情变得有趣起来。同盟者开始全体一致地报告，说其中一条长度明显不同的线条与第一张卡片上的线条长度相等。当

40

轮到实验对象回答这个问题时，他明显精神紧张起来。正如阿希所描述的：

> 他所处的状态是：虽然他实际上给出了正确答案，却意外地发现自己属于少数人，在一个明确而简单的事实上遭到了多数人一致而武断的反对。这种情形使得他要承受两种对立的力量：他感官的证据和一群同伴的一致意见。[2]

在宣布答案之前，几乎所有感到认知失调的受试者都看起来很惊讶，甚至不肯相信。但后来的情况更加有意思。他们中有37%的人在大多数人的意见面前屈服了。对近在眼前所能看到的东西视而不见，就为了与群体保持一致。

另一项关于人类非理性的重要实验工作由彼得·卡斯卡特·沃森(Peter Cathcart Wason)在1960年完成。在他的论文《论概念任务中消除假设的失败》("On the Failure to Eliminate Hypotheses in a Conceptual Task")中，沃森首先采取了一系列步骤来识别人类在推理中经常犯的逻辑错误和其他概念错误。在这第一篇论文中，他介绍(并随后命名)了一个几乎所有参与后真相辩论的人都听说过的观念：

证实性偏差(confirmation bias)。[3]沃森的实验设计很优雅。他给 29 名大学生布置了一项认知任务，要求他们根据经验证据"发现规律"。沃森向受试者们展示了一组三个数字的序列，比如 2、4、6，而他们的任务就是尽量弄清楚生成这个序列的规律。要求受试者根据这个规律写下自己的三个数字的序列，然后工作人员会说出他们的数字序列是否符合规律。受试者可以根据自己的意愿重复这项任务，但被要求在尽可能少的试验次数中尝试找到规律。对可提交的数字没有任何限制。等确定后，他们就可以提交自己发现的规律。

实验结果令人震惊。在 29 名非常聪明的受试者中，只有 6 名第一次就发现了正确的规律。13 人猜错一次，9 人猜错两次或以上。有一位受试者完全无法提交任何规律。这是怎么回事？正如沃森所报告的那样，任务失败的受试者似乎不愿意提交测试其假定规律正确与否的数字序列，而只是提交那些确定能够证实他们假定规律的数字。例如，在 2、4、6 序列中，许多受试者先写下 8、10、12，然后被告知"是，这符合规律"。但是之后，有些人就只是用偶数按 2 的升序排列继续提交数字序列。他们没有利用机会对通过直觉推断出的规律"每次加 2"进行试错，而只是继续提交证实性(confirming)的实例。当这些受试者说出他们推断的规律时，他们震惊地发现自己居然错了，尽管他们从未用任何反驳性(disconfirming)的例子来测试过。

之后，13名受试者开始测试其假设，并最终得出正确答案，即"任何三个按升序排列的数字"。一旦打破了"证实性"的思维模式，他们就很乐意接受这样一种想法：生成原始数字序列的方法可能不止一种。然而，这不能解释给出两个或两个以上错误规律的9名受试者的情形，他们得到了充分的证据证明他们的假设是错误的，但仍然找不到正确答案。为什么他们不猜9, 7, 5？在这里，沃森推测，"他们可能不知道如何尝试自己去证伪一个规律；也许他们知道怎么做，但仍然觉得从实验者那里得到一个直接的答案更简单、更确定或更令人放心"。[4] 换句话说，在这一点上，认知偏差(cognitive bias)将他们牢牢地控制住了，只能胡乱地寻找正确答案。

所有这三种实验结果——(1)认知失调、(2)社会从众和(3)证实性偏差——明显与后真相有关，由此，许多人似乎倾向于在理性规范和良好的证据标准之外构建他们的信念，以支持自己或同伴的直觉。然而，后真相在20世纪50年代甚至60年代都还没有出现。它等待着促成这场完

43

美风暴的其他因素，如在21世纪初出现的极端党派偏见和社交媒体制造的"信息孤岛"。与此同时，更多认知偏差的惊人证据不断被揭示出来。

当代的认知偏差研究

许多公开发表的文章探讨了近年来在行为经济学领域出现的巨大突破。20世纪70年代末，有的经济学家开始借用社会心理学家早期的实验方法，质疑新古典主义模型中一直采用的"完美理性"(perfect rationality)和"完全信息"(perfect information)的简化假设(这种简化假设是为了数学运算而设置的)。但是，如果可以采取实验性更强的方法，会怎么样？

理查德·塞勒(Richard Thaler)在其《"错误"的行为：行为经济学的形成》(*Misbehaving: The Making of Behavioral Economics*)一书中谈到了他与丹尼尔·卡尼曼(Daniel Kahneman)以及阿莫斯·特沃斯基(Amos Tversky)的早期合作，这几位都已是认知心理学领域的知名学者。1974年卡尼曼和特沃斯基合作发表论文《不确定性下的判断》("Judgment Under Uncertainty")，文中提出了三种与人类决策直接相关的认知偏差，由此而风靡学术界。[5] 在接下来的几年里，他们在选择、风险和不确定性方面的进一步研究揭示了决策中更多的异常现象，这对其他学科的影响巨大，卡尼曼因此于 2002 年获得了诺贝尔经济学奖（特沃斯基已经于 1996 年去世，故此遗憾未能获奖）。卡尼曼称他一生中从未上过经济学课程，而他在这门学科所知的一切都归功于理查德·塞勒。

突然之间，人们开始重视认知偏差。其中一部分涉及重新发现并关注一些关于人类心理学的事实，这些事实古老到甚至没有人能够确定是谁首先发现了它们。"源遗忘"（source amnesia，我们记得读到或听到的东西，但遗忘了它是否有可靠的来源）与我们信念的形成过程具有明显的相关性。同样地，所谓"重复效应"（repetition effect），就是如果信息重复多次，我们更有可能相信它，这对汽车销售人员和希特勒的宣传部长等人来说都了然于胸。随之而来的是新的研究成果，揭示了许多其他固有的认知偏差。[6]其中两个最重要的认知偏差建立在沃森早期发现的证实性偏差之上，分别是"逆火效应"（backfire effect）和"邓宁-克鲁格效应"（Dunning–Kruger effect），两者都植根于动机推理的观念。

动机推理（motivated reasoning）是指我们对事物的希

45

望会影响我们对实际情况的看法。我们惯常的推理，其实是在情感语境中进行的。这可以说是减缓失调(dissonance reduction)和证实性偏差等观念背后的机制，其中的原因显而易见。当我们感到心理不适时，就有**动机**去寻找一种不会威胁到自我的方式加以缓解，这会导致一种非理性的倾向：让我们的信念与感受相适应，而非相冲突。也许要数厄普顿·辛克莱(Upton Sinclair)诠释得最好："当一个人全靠他不相信某事才能领到薪水时，他便很难再相信这件事。"

证实性偏差的观念似乎与动机推理直接相关，因为通常情况下，当我们**有动机**捍卫自认为正确的信念时，我们会寻找证据去证实它。我们通常在警探身上看到这种机制的体现，他们先确定嫌疑人的身份，然后围绕他立案，而不是寻找理由排除他的嫌疑。不过，在这里区分动机推理和证实性偏差是很重要的，两者并不完全等同。动机推理是一种精神状态，在这种状态下，我们发现自己(也许在无意识的层面上)愿意根据自己的观点来塑造信念；证实性偏差则是达到这个目的的一种运作机制，是通过解读信息来证实预先存有的信念。

有关动机推理的一些实验研究可以追溯到社会心理学

46

的其他经典发现。在最近的研究中，有人根据动机推理推测，为什么我们和对方球迷观看的是同一段视频，双方看到的却是两码事。让我们暂时排除这样一种观点：我们的结论是有偏私的，因为这和我们支持的球队有利害关系，所以才不愿意承认任何可能不利于我方球队的事情。没错，这种情况有时确实会发生。体育界也有舆论导向专家。在回放中看到裁判给我们球队提供了过多有利形势，但因此带来了比赛的制胜球时，我们为什么要质疑它？不过，真正球迷的家人都可以证明，狂热的球迷往往不会正常"看"比赛。我住在新英格兰，相信我，他们一直在为汤姆·布雷迪(Tom Brady)给球放气或新英格兰爱国者队(New England Patriots)是否舞弊争论不休。这不仅仅是因为一个人必须是非不分地支持自己地方上的球队。新英格兰球迷真的无法**相信**爱国者队会舞弊。如果你坚持这么做，那可以称之为部落主义(tribalism)，但它背后的心理机制存在于我们所有人中，包装工队(Packers)、巨人队(Giants)或小马队(Colts)球迷都一样。

美国东北大学(Northeastern University)的心理学家戴维·德斯迪诺(David DeSteno)在有关情绪和道德判断的心理学研究中，探索了这种"团队归属感"(team affiliation)对道德推理的影响。在一项实验中，初次见面的受试者被随机分组，每组成员戴上同样颜色的腕带。随后他们分开行动。第一批受试者被告知可以选择一项有趣的 10 分钟任务或一项困难的 45 分钟任务。每位成员随后被单独安置在房间内，并且要自行做出选择，或者通过掷硬币来随机决定，但不论哪种情况下，随后进入房间的人都只能做剩下的另一项任务。受试者不知道的是：他们的举动被录像了。离开房间后，90% 的人都说自己是公平的，尽管大多数人都为自己选择了更简单的任务，并未费心去掷硬币。但最吸引人的是接下来发生的事情。随后进入房间的那一半成员观看这些说谎或欺骗的录像画面时，他们会谴责前面那个做选择的人，但没有谴责跟他们戴同样颜色腕带的人。[7] 如果我们只因诸如腕带这样的细枝末节就乐意去谅解不道德行为，那么，可以想象如果真的在情感上有所投入，我们的推理会因之受到何种程度的影响。

神经科学家也研究过动机推理，他们发现当人们的推理被情感内容影响时，大脑的另一区域也会参与其中。当 30 名坚定的政治党派人士被赋予一项危及自己候选人或伤害对方候选人的推理任务时，他们大脑的某一区域会亮起(根据功能性核磁共振的扫描结果)，相比之下，被要求就中立内容进行推理时该区域就不会发亮。我们的认知偏差会在神经水平上具象化，这也许并不奇怪，但这项研究提供了第一个实验证据，证明动机推理的这类机制差异。[8] 以此为背景，我们现在准备研究两个最精彩的认知偏差，用来解释我们的后真相政治信念如何影响我们接受事实和证据的意愿。

逆火效应 | "逆火效应"是基于布伦丹·尼汉(Brendan Nyhan)和杰森·雷夫勒(Jason Reifler)的实验研究提出的。他们在实验中发现，当向党派人士提供证据，证明他们某个政治合宜的信念是错误的，此时他们不仅会拒绝证据，还会"变本加厉"地坚持错误的信念。更糟糕的是，在某些情况下，提出反驳性证据会致使一些受试者的错误信念**更加**坚定。

在这项研究中，研究者为受试者发放假造的报纸，上面刊登的新闻似乎证实了一些普遍存在的误解。其中一则新闻支持伊拉克在伊拉克战争前拥有大规模杀伤性武器的观点。另一则是布什总统对干细胞研究实施了全面禁令。这两件事其实都是假的。当一些纠正性信息提供出来时——比如引用布什总统的一次讲话，他在讲话中承认伊拉克没有大规模杀伤性武器——受试者的反应就出现了党

49

派分歧。自由派和中间派（或许正如所预料地）接受了纠正性信息。然而，保守派没有。事实上，研究人员注意到，一些保守派人士表示，在阅读了纠正性信息之后，他们更加坚持存在大规模杀伤性武器的错误主张：

> 换言之，纠正性信息产生了逆火效应——相比控制组的参与者，那些收到纠正性信息被告知伊拉克没有大规模杀伤性武器的保守派人士，**更加**倾向于相信伊拉克拥有大规模杀伤性武器。[9]

研究人员推测，这一结果可能由保守派对所有媒体来源的不信任感增强所致。但这个假设与他们的实验结果并不一致，因为纠正组和无纠正组（控制组）的受试者都读过同一份布什总统的声明。

因此，逆火效应一定来自于实验中的纠正性信息。如果受试者只是不信任媒体，他们应该简单而直接地忽略纠正性信息。但是相反，笔者发现保守派朝着"错误"的方向在前进——这种反应很难简单归因于不信任。[10]

50

在二次迭代的实验中，研究人员试图测试同样的结果是否适用于自由派。他们让受试者读另一则伪造的新闻报道，关于布什如何对干细胞研究实施全面禁令（事实上，他只对 2001 年 8 月之前建立的干细胞系的联邦资助进行了限制，但没有限制私人资助的研究），随后又为受试者提供了纠错的正确信息。在这种情况下，纠正性信息对保守派与温和派有效，但对自由派无效。然而，值得注意的是，在这个案例中，自由派人士**并没有出现逆火效应**。虽然纠正性信息再次被"中和"，它没有改变自由派人士的错误信念，但研究人员找不到任何证据表明真相**强化**了自由派对错误信念的投入。真相并没有引发逆火效应。

试图用事实证据改变政治上明显的错误观念，一些人将此描述为"试图用水浇灭油火"。[11] 至少对于最具党派色彩的保守派来说，看起来的确如此。然而，正如尼汉和雷夫勒在研究中指出的那样，最坚定的意识形态拥护者——不论哪种政治派别——**永远不会**根据事实证据来改变他们的信念，这几乎是不可能的。他们引用相关问题的前期研究，并辅以他们自己一项次要的研究成果指出，如果各党派人士反复接触同样与其信念相左的信息，他们应该会更加认可纠正性信息。在一项类似的研究中，戴维·雷德劳斯克（David Redlawsk）等人则探究了"动机推理者"是接受真实情况还是一再否认。他们的结论证实了尼汉和雷夫勒的推测：即使是最忠实的党派人士，在连续不断地暴露于纠正性证据之后，最终也会达到一个"临界点"，从而改变他们的信念。[12]

邓宁–克鲁格效应 ｜ 邓宁–克鲁格效应（有时被称为"蠢到不知道自己蠢"效应）是一种认知偏差，即能力低下的受试者往往无法认识到自己的无能。记住，除非一个人全知全能，否则我们所有人都可能会在某种程度上受到这种效应的影响。在早期的研究中，卡尼曼和特沃斯基探讨了"过度自信偏差"（overconfidence bias）有时会带来的可怕后果。有些局限性本来完全可以预见，但我们不幸地发现，一些人却难以接受自己能力的局限性，为什么会这样？我们在百慕大轻松度假不好吗，为什么非要去租一辆摩托车冒险呢？或者选择一个更著名的案例——我们只是去参加汉尼斯波特（Hyannisport）的家庭婚礼*，而飞行教

---

* 此处指小约翰·肯尼迪坠机事件。1999 年 7 月 16 日晚，小约翰·肯尼迪驾驶飞机前往堂妹婚礼，途中飞机坠入大西洋水域，随后的调查报告指出，坠机事故的原因在于恶劣的天气以及小肯尼迪尚生疏的夜航技术。——译者注，本书内页下注如无另行说明均为译者注，原注为末注。

练也恳求我们老老实实留在地面观礼就好，我们为什么还要认定自己有足够的经验，完全可以驾驶一架小型飞机穿越恶劣的环境？邓宁-克鲁格效应对此进行了重申，并扩展其范围，不仅要弄清手头任务的难度，还要询问难度评估者的资质。

在1999年的实验中，戴维·邓宁（David Dunning）和贾斯汀·克鲁格（Justin Kruger）发现，即使受试者几乎或完全没有受过训练，也往往都会大大高估自己的能力。我们都很熟悉加里森·凯勒（Garrison Keillor）关于"乌比冈湖效应"（Lake Wobegon effect）* 的笑话，这个小镇"所有的孩子都超出一般地聪明"。人们都觉得很搞笑，也许因为我们自身也会如此。有多少驾驶员（或发烧友）会认为自己"不如一般人"？邓宁和克鲁格发现这一点可以延伸到多种能力上。有关智力、幽默感甚至需要高超技艺的个人能力，如逻辑或国际象棋，受试者往往都会严重高估自己的能力。这是为什么呢？正如作者所说，"无能剥夺了（人们）辨别无能的能力……在某一特定领域产生的某种技能，通

---

* 指一种认为自身水平高于平均的心理倾向。源于美国广播节目主持人加里森·凯勒（Garrison Keillor）虚构的小镇"乌比冈湖"，镇上"女人都很强壮，男人都长得不错，小孩也都在平均水平之上"，但实际上小镇蠢事不断，居民不见得有多聪明。

常也是评估该领域内自己或他人能力所必需的技能。"[13]
结果就是，我们许多人误入歧途，不停地犯错，却又意识
不到错误。

在一个极具启发性的研究中，邓宁和克鲁格要求 45
名优秀大学生从法学院入学考试(Law School Admissions
Test, LSAT)备考指南中抽取 20 道题进行逻辑测试。熟悉
该考试的人都知道，这些测试并不容易。研究者要求受试
者不仅要完成这些题，还要评估自己做得怎样，与其他人
相比又如何。研究人员发现，平均而言，学生认为自己的
成绩超过了 66% 的人。值得注意的是，学生往往不会高
估自己做题的成绩；他们能够正确地评估自己答对或答错
了多少道题。蹊跷之处在于他们对成绩是否"高于平均水
平"的判断。事实上，最惊人的结果来自那些成绩垫底的
学生。"尽管这些人的平均得分只超过 12% 的人，但是他
们仍然认为他们的总体逻辑能力超过了 68% 的人。"[14] 也
许这是邓宁−克鲁格研究结论中最令人震惊的一点：表现
最差的人对自身能力的高估程度也最大。

有人试图寻找导致这一结论的原因。也许学生们只是
无法承认自己不行，所以就试图掩饰？但这似乎不太可
能，因为，如果受试者能更准确地评估自己的成绩，就能

获得 100 美元的大奖，他们却仍然做不到。这里似乎不只有欺骗，还有自欺欺人。我们如此爱自己，以至于看不到自己的缺点。[15] 但是，如果我们对**政治**信念投注了情感，甚至还可能将其视为身份认同的一部分，那么不愿意承认自己错了，甚至宁愿依靠自己的"直觉"而不是专家提供的事实，这就没什么奇怪的了。当参议员詹姆斯·英霍夫 (James Inhofe)（俄克拉何马州共和党人）在 2015 年将一个雪球带到美国参议院会议大厅"反驳"全球变暖时，他有没有想过自己多么无知，竟然不知道气候和天气的差别？可能他从没想过，因为他"蠢到不知道自己蠢"。当唐纳德·特朗普说他比将军们更了解"伊斯兰国"(ISIS)时，他真的相信这一点吗？[16] 似乎很少有人愿意说"我不是这方面的专家"，然后闭嘴。相反，我们顽强地坚持着，却忘了一句古老的格言："宁可沉默像傻子，也不要一开口就证明自己是傻瓜。"

无论是逆火效应还是"蠢到不知道自己蠢"效应，都明显与后真相现象有关。这些效应和其他的认知偏差一起，有时不仅剥夺了我们清晰思考的能力，而且让我们无法意识到自己何时没有在清晰思考。当人受制于认知偏差时，可能感觉自己像是在思考，但所有的实验证据都表明，尤

当人受制于认知偏差时，可能感觉自己像是在思考，但所有的实验证据都表明，尤其当我们对一个主体投入情感时，我们的正常推理能力可能会受到影响。

其当我们对一个主体投入情感时，我们的正常推理能力可能会受到影响。这是一个绝妙的问题：最初为什么会产生所有这些认知偏差？真理不能帮助我们适应这个世界吗——相信真理不是可以增加我们生存的机会吗？[17] 无论出于何种原因，我们必须认识到，大多数认知偏差只是构造我们大脑的一种方式。是否存在认知偏差，并不是我们选择的(尽管我们可能希望通过仔细的研究和审慎的推理训练，可以施加某种程度的控制，以减少其对我们信念的影响程度)。无论我们是自由派还是保守派，认知偏差都是人类传承的一部分。

然而，如前所述，也许有些认知偏差会因我们的政治信念而有所不同；我们已经看到，逆火效应对自由派的影响力就比较小。其他研究人员也探讨过这样一种观点，即有些偏差可能纯粹只是党派偏见。在《心理科学》(*Psychological Science*)期刊上发表的一篇令人瞩目的论文中，人类学家丹尼尔·费斯勒(Daniel Fessler)对所谓的"消极偏差"(negativity bias)开展了一些研究，试图解释为什么保守派似乎比自由派更容易相信具有威胁性的假话。[18] 在费斯勒的研究中，他向受试者展示了 16 条陈述(其中大部分是错误的)，但没有一条荒谬到不可能是真的。一些陈述讲的是无关痛痒的内容，如"空腹锻炼会燃烧更多的卡路里"，而另一些讲的则是火烧眉毛的威胁，如"2001 年 9 月 11 日以来，恐怖分子袭击事件在美国有所增加"。然后，他要求受试者自我认定是自由派还是保守派，并让他们评估这些陈述是否属实。无关痛痒的陈述对他们而言没有区别，但保守派在受到威胁时轻信虚假陈述的概率要高得多。[19]

不同党派人士的思考方式会有所不同吗？实验证据表明，相比自由派，保守派大脑里基于恐惧的杏仁核往往更大。[20] 一些人推测，这就是为什么 2016 年大选期间大部分假新闻是针对保守派受众的。如果你想推销一个阴谋论，也许右翼会是更肥沃、更有利于阴谋论滋长的土壤。费斯勒注意到消极偏差现象并不算特别严重："研究人员使用一种统计方法来衡量受试者在政治谱系中的分布范围，计算结果表明，当警告不好的结果时，受试者指向右翼的程度每多一级，他们对陈述的轻信程度比承诺好的结果时增加 2%。"[21] 尽管如此，在选民数量足够多的情况下，这也许足以扭曲事实。无论如何，费斯勒的这项研究首次将轻信问题放在了政治认同的轴线上。[22]

无论我们是自由派还是保守派，认知偏差都
是人类传承的一部分。

后真相的含义

过去，通过与他人的互动，我们的认知偏差也许可以改善。令人啼笑皆非的是，在媒体泛滥的今天，我们可能会比祖先更隔绝于相反意见。我们的祖先们被迫在部落、村庄或社区的其他成员中生活和工作，而这些成员必须相互交流才能获取信息。当我们互相交谈时，会不由自主地接触到各种各样的观点。甚至有实证研究表明，这对我们的推理是有价值的。

凯斯·桑斯坦(Cass Sunstein)在他的《信息乌托邦》(Infotopia)一书中讨论了这样一个观点，即当个体互动时，他们有时会产生某种效应，这种效应是每个个体单独行动时根本无法实现的。[23]这是一种"整体大于部分之和"效应（"whole is more than the sum of its parts" effect），桑斯坦称其为"交互群体效应"(interactive group effect)。本章前面提到的"证实性偏差"的提出者沃森和同事们进行过一项研究，他们将一组受试者聚在一起解决一个逻辑难题。这是一项艰难的任务，很少有人能独立完成。但当这个问题交给一个小组来解决时，有趣的事情发生了。人们开始质疑彼此的推理，并思考与他们的假设不符的情况，甚至达到似乎无法再理解自己观点的程度。由此，研究人员发现，在相当多的情况下，群体能解决其中的个体无法解决的问题。[24]对于桑斯坦来说，这是关键所在。团体胜过个人。而互动的、深思熟虑的群体胜过被动的群体。当我们将自己的想法开放给团体审视时，就为我们提供了找到正确答案的最佳机会。当我们在寻找真相时，批判性思维、怀疑主义以及将我们的想法置于他人的审视之下，这几点比其他任何事情都更有效。

60

然而，现在我们奢侈地选择自己的互动对象。无论我们的政治主张如何，只要愿意，我们都可以生活在"信息孤岛"中。如果我们不喜欢某人的评论，我们可以取关，或者在脸书(Facebook)里隐藏他。如果我们想大肆宣扬阴谋论，也许有个电台正合适。相比以往，如今我们更能让自己包裹在那些已经认同我们观点的人之中。做到了这一点，不会有进一步的压力，让我们修正自己的观点以适应这个群体吗？所罗门·阿希的研究表明，这是有可能的。如果我们属于自由派，与大多数好友在移民、同性婚姻以及税收上的观点都保持一致，但是在枪支管制上的观点不是那么确定地一致，我们可能就会感到有点尴尬。如果是这样，我们可能会付出改变观点的社交代价。在某种程度上，这种情况的发生并不是由于至关重要的互动，而是为了不冒犯我们的朋友；这可能不是一件好事。我们可以称之为交互群体效应的阴暗面，对此，任何一个曾经担任过陪审员的人大概都会说：当我们与同伴的观点步调一致时，就会感到更自在。但是如果同伴错了会怎样？不管是自由派还是保守派，我们谁也无法垄断真理。

在此，我并不是在暗示要欣然接受虚假的均衡，或是说真相可能存在于各种政治意识形态之间的某处。真相和错误之间的中点仍然是错误。但我要指出的是：在某种程度上，所有意识形态都是探寻真相过程中的敌人。也许研究人员认为自由派比保守派更有"认知需求"，[25] 这是对的，但这并不意味着自由派应该沾沾自喜，或者认为他们的政治直觉就代表了事实证据。在费斯汀格、阿希等人的研究工作中，我们可以看到遵循意识形态规则有多危险。他们的研究结论是：我们都有一种与生俱来的认知偏差，会去认可周围人的看法，即使眼前的证据告诉我们事实并非如此。在某种程度上，我们都很重视团体的接纳，有时甚至超过对事实本身的重视。但如果我们关注真相，我们就必须战胜这一点。为什么？因为我在本章中描述的认知偏差正是促成后真相的完美先驱。

固有的认知偏差使我们很容易被那些带节奏的人操纵和利用，特别是在他们可以诋毁所有其他信息来源的情况下。

如果我们已经有动机**想要**相信某些事情，那么不需要太多信息就可以让我们相信，特别是在我们在乎的人已经相信的情况下。固有的认知偏差使我们很容易被那些带节奏的人操纵和利用，特别是在他们可以诋毁所有其他信息来源的情况下。正如无法摆脱认知偏差一样，信息孤岛也使人无法抵御后真相。这里的危险在于，它们在某种程度上是相互关联的。我们都受制于自己的信息来源，特别是当他们说的正是我们想听的时候，我们尤其会受到影响。

第四章
传统媒体的衰落

新闻业就是刊登别人不想被刊登的东西，其余一切都是公关。

——乔治·奥威尔

众所周知，社交媒体的兴起是近来推动"信息孤岛"现象的因素之一，它满足了我们对证实性偏差的固有偏好。不过，如果不先认真面对传统媒体的衰落，就无法说明问题。

在传统媒体的鼎盛时期，今天所谓的美国"主流媒体"(prestige press)(《纽约时报》、《华盛顿邮报》[Washington Post]、《洛杉矶时报》[Los Angeles Times]、《华尔街日报》[Wall Street Journal])和电视网(美国广播公司[ABC]、哥伦比亚广播公司[CBS]、美国全国广播公司[NBC])是美国人的主要新闻来源。"1950 年，美国日报日均总付费发行量为5380 万份（相当于家庭总数量的 123.6%）。"[1] 分析一下这个数据。它超过了100%。因此，有些家庭订阅的不是一份报纸，而是**两份**。"到 2010 年，美国日报的日均总付费发行量约为4340 万份（相当于家庭总数量的36.7%）。"再进一步分析，这意味着读者流失了近 70%。至于电视网，从 50年代起，新闻都是由一名主播每天晚上用半小时向全国播送的。[2] 沃尔特·克朗凯特（Walter Cronkite）从 1962 年到1981 年都坐在哥伦比亚广播公司的大办公桌后播报新闻，常常被称为"全美最受信任的人"。

许多人将此阶段视为新闻业的"黄金时代"。在整个50 年代和 60 年代，来自电视网的竞争导致许多小报纸歇业倒闭。"大浪淘沙实际上给美国大部分主要城市留下了一份垄断报纸，一份比 20 年前更好、更丰富、更严肃的报纸。"[3] 电视方面呢？因为被期望每天只播出半小时的新闻，这些电视网就将大部分精力投入到调查性报道中。除了偶尔（可怕地）提醒说"我们现在为您插播特别报道"，这意味着发生了战争或暗杀事件，否则新闻内容都被限制在自己的利基市场之内，以便让电视台从娱乐节目中盈利。

虽然电视上的新闻不多，但这对新闻部门来说是一件

幸事，因为人们不指望它们带来任何盈利。泰德·科佩尔
(Ted Koppel)解释道：

> 电视网的主管们担心，如果不能按照《1927年无
> 线电法》(Radio Act of 1927)中阐述的"公共利益、
> 便利和必要性"行事，可能会导致联邦通信委员会暂
> 停甚至吊销他们的执照。三大电视网指出，他们的新
> 闻部门(处于亏损经营或勉强收支平衡状态)证明他们
> 正在履行联邦通信委员会的要求。不妨说，新闻是在
> 赔本赚吆喝，无法盈利，这也使美国全国广播公司、
> 哥伦比亚广播公司和美国广播公司得以证明，利用其
> 娱乐部门创造巨额利润是合理的。[4]

随着 1968 年哥伦比亚广播公司的新闻节目《60 分钟》
(60 Minutes)的出现，这种情况开始发生变化，该节目(在
播出三年后)成为历史上第一个盈利的新闻节目。这让电
视网从业者有了新的灵感。尽管这并没有立即改变电视新
闻的模式或预期，但电视网的主管们开始意识到，新闻也
是有利可图的。[5]

尽管如此，无线电视业的黄金时代一直持续到 70 年

代；但是，1979年的伊朗人质危机导致了一个困境。公众突然渴望更多的新闻，然而如何才能在不中断利润丰厚的娱乐节目的前提下，满足这一需求呢？约翰尼·卡森(Johnny Carson)在美国全国广播公司主持的《今夜秀》(Tonight Show)成为一匹黑马。哥伦比亚广播公司几乎已经放弃了那个时段的运营，仅用来播放一部深夜电影。美国广播公司则选择在该时段重播黄金时间的节目。后来有人提出了一个想法：

美国广播公司电视网当时决定尝试不同的做法——将每日伊朗简报移至深夜。这也是一个营销策略：其竞争对手美国全国广播公司有颇受好评的约翰尼·卡森脱口秀，而美国广播公司没有能与之抗衡的深夜节目，而且新闻节目相比之下成本也较为低廉。美国广播公司在晚间时段推出了一档名为《夜线》(Nightline)的新节目，专门报道(人质)危机。每天晚上，美国广播公司都会在荧屏中展示"美国被俘人质"以及被俘的天数。主播通常是美国广播公司资深新闻记者泰德·科佩尔，他会通过采访专家、记者和其他与危机有关的人物来填满时间。[6]

节目非常成功，一年后人质危机结束，但之后很长一段时间内这个节目还在，却依然有一个问题待解：除此之外，还有人想看更多的新闻吗？

下个入场的是 1980 年的美国有线电视新闻网，这几乎是一场赌博。突然之间就有长达 24 小时的新闻节目要播出了。虽然科佩尔可以罗列一连串拟邀请的专家一起讨论伊朗问题，但有多少专家能到节目现场，又有多少有新闻价值的话题呢？在观众这边，他们是否愿意把新闻当成 24 小时的自助餐，随心所欲地转台，而不是等待下一期报纸或电视网主播的"晚餐"播报？他们确实曾经如此。虽然美国有线电视新闻网因提供相比无线电视网而言"注水"的报道而遭到批评，但它的成功立竿见影。1983 年，《纽约时报》商业版报道了美国有线电视新闻网的第一次盈利。[7] 整个 20 世纪 80 年代及以后，其收视率不断增长，一系列危机吸引着人们收看："挑战者号"航天飞机爆炸，柏林墙倒塌，最后还有海湾战争。[8]

当然，也有人批评美国有线电视新闻网的偏见，但这些偏见是几十年来报纸、无线电视和有线电视新闻挥之不去的主题。林登·约翰逊(Lyndon Johnson)讨厌新闻网在越战时期对他的报道。尼克松的副总统斯皮罗·阿格纽(Spiro Agnew)将华盛顿记者团斥为"一群喋喋不休的牢骚大王"。右翼人士一直在抱怨新闻反映了一种顽固的"自由派偏见"，但直到80年代末，人们真的也别无选择。

在拉什·林堡(Rush Limbaugh)出现之前，电台广播谈话节目已经播出了30年，但是，正如汤姆·尼科尔斯(Tom Nichols)在他的书《专家之死》(*The Death of Expertise*)中所解释的那样，林堡确有创举："(他设定)自己为一个与美国其他媒体对立的真相来源。"[9] 林堡感到其他媒体都在为比尔·克林顿(Bill Clinton)这样的自由派"站台"，于是他试图为美国其他地区发声，结果大获成功。

林堡的节目开播几年内，全国就有600多个电台播出……(林堡)让听众打电话表达支持，以此在全国建立忠实的粉丝团体。据林堡早期分支机构的某位经理说，电话都是经过筛选和审查的，这是因为林堡觉得自己不太擅长辩论。然而，辩论并不是问题的关键：其目的是在那些早已倾向于彼此认可的人中间创造一种团体意识。[10]

人们收听林堡的节目，并不是为了去了解新的"事实"，而是认为报纸和电视的新闻报道有政治偏见，他们与这些偏见格格不入。除此之外，在热线电话首次亮相之前，媒体是单向的：一直是别人在告诉他们真相是什么。林堡的节目让人们发出自己的声音，并参与到团体之中。在媒体谈论证实性偏差之前，拉什·林堡已经发现了它。这使他成为一名主宰者。

那时，人们才意识到党派新闻报道所具有的潜在市场。微软全国广播公司（MSNBC）成立于1996年7月。随后是1996年10月推出的福克斯新闻（Fox News）。两家公司都将自己视为美国有线电视新闻网的替代者。你会发现，直到今天，人们都不愿意接受微软全国广播公司是有党派色彩的。它在最初的几年里并非如此，安·库尔特（Ann Coulter）和劳拉·英格拉汉姆（Laura Ingraham）等保守派评论员经常出现在节目中。然而，在某些时刻，微软全国广播公司已经安于自己的（有时是不舒服的）利基市场，对新闻持有自由派的视角。福克斯新闻——由保守派媒体顾问罗杰·艾尔斯（Roger Ailes）创立——并没有表现出这种矛盾情绪：

福克斯新闻的出现是党派分歧的最终表现，展现出人们如何在新的电子虚拟市场中寻找新闻来源。林堡试图用电台广播做的事……艾尔斯通过电视网实现了。如果不是艾尔斯创造了福克斯，一定会有其他人创造福克斯，因为正如电台脱口秀节目所证明的那样，市场已经存在了。就像保守派作家兼福克斯评论员查尔斯·克鲁瑟默（Charles Kruthammer）喜欢拿来打趣所说的那样，艾尔斯"发现了一批利基受众：一半的美国人"。[11]

福克斯将党派新闻报道提升到了一个新的层次。康涅狄格州纽敦市 20 名小学生惨遭枪杀的第二天，福克斯新闻集团的高管们向其制作人发出指令，禁止任何人在广播中讨论枪支管制问题。[12]他们试图让新闻报道偏向保守派的做法事实上众所周知。[13]这不可避免地影响到了新闻内容。2013 年的一项研究发现，69% 的福克斯新闻嘉宾对气候变化持怀疑态度，而《洛杉矶时报》和《华盛顿邮报》的这一比例则分别为 29% 和 17%。[14]另一项研究发现，68%的福克斯新闻专题报道反映了个人观点，而美国有线电视新闻网只有 4%。[15]因此，在硬新闻（hard news）和党派观点之间没有清晰界限的情况下，福克斯新闻的铁杆观众相信并传播他们所了解到的一些错误信息或许情有可原。事实上，2011年的一项研究发现，福克斯新闻的观众比那些不看任何新闻的观众**更无知**。[16]

近年来，泰德·科佩尔把自己塑造成这种党派媒体的坚定反对者——不管是左翼还是右翼—— 他认为这是对民主的威胁。具有讽刺意味的是，他在20世纪80年代的节目《夜线》是首批显示出采访类新闻报道具备盈利潜力的节目之一，但科佩尔仍然觉得形势已经失去控制：

> 福克斯新闻和微软全国广播公司的商业成功让我感到了超越党派的悲哀。虽然我可以理解其中的财务逻辑，他们将电视观众淹没在旨在证实自身偏见的观点之中，但这种趋势对共和制是不利的……也许，从合理角度出发，绝对客观性是无法实现的，但福克斯新闻和微软全国广播公司甚至完全放弃了追求客观性。他们向人们所展示的不再是世界的本来面目，而是政治谱系两端的党派(及其忠实受众)所希望看到的世界。这种做法对于新闻业来说，与伯尼·麦道夫(Bernie Madoff)对投资者的所作所为别无二致：

把客户想听的天花乱坠地讲给客户听，而真相揭开时，钱已经挥霍一空。[17]

自从特朗普当选以来，科佩尔把目光精准地瞄向福克斯。在最近接受福克斯新闻的肖恩·汉尼蒂(Sean Hannity)采访时，两人进行了如下交流：

汉尼蒂　我们必须相信美国民众，相信他们有几分才智，他们知道观点类节目与新闻类节目的区别。你太愤世嫉俗了。

科佩尔　我愤世嫉俗。

汉尼蒂　你觉得我们这样做对美国不好吗？你觉得我对美国不好吗？

科佩尔　是的……从长远来看，我认为你和所有这些观点类节目(都对美国不利)——

汉尼蒂　真的吗？太可悲了，泰德。那太可悲了。

科佩尔　不，你知道为什么吗？因为你非常擅长这份工作，还因为你吸引了一些更具影响力的人……

汉尼蒂　你低估了美国民众。

科佩尔 不，在讨论美国民众之前，请你让我先把这
句话说完。

汉尼蒂 我在听。恕我冒昧。请发言。

科佩尔 你吸引了那些坚信意识形态比事实更重要的
人。[18]

有些人会将福克斯新闻的所有节目斥为"假新闻"的
鼻祖。(人们不必花太多时间，就会在对该电视网的批评
中听到一些滑稽的笑话，说它真的应该被称为"仿克斯新
闻"[Faux News] ＊。)"假新闻"的问题及其与后真相现象的
关系是一个重大的主题，我们将在下一章讨论。我现在提
出这个问题，只是因为一些评论员声称"假新闻"不是从福
克斯新闻开始的，而是从讽刺作品开始的。

在 2014 年的一项皮尤(Pew) ＊＊ 调查中，美国人被要求
说出他们"最值得信赖"的新闻来源，其中存在着可预见
的党派分歧。在自称为保守派的人士中，福克斯以 44%
领先。在自由派中，有线电视新闻占 24%，而大致并

73

＊　Faux 与 Fox 发音相近，意为人造的、仿制的。

＊＊　指皮尤研究中心，该中心是一家无倾向性的独立民调机构，为那些影响美国乃
　　至世界的问题、态度与趋势提供信息。

列第二的三方分别是公共电视台、美国有线电视新闻网和……乔恩·斯图尔特(Jon Stewart)的《每日秀》(The Daily Show)。[19]但是请注意:《每日秀》是喜剧节目。在2015年乔恩·斯图尔特作为《每日秀》的"主播"退休之前,他自己说他报道的是"搞笑"新闻。他的工作是引人发笑,而不是挖掘事实。在他任职期间,越来越多"真正的"新闻从业者担心许多年轻人仍然从他的节目中获知新闻,斯图尔特为自己辩护说:"如果你想和我对质是因为我没有提出足够尖锐的新闻问题,那我们就遭殃了,伙计们。"[20]

有人不愿意这么轻易地放过斯图尔特、《纽约客》(New Yorker)的安迪·博罗维茨(Andy Borowitz)和《洋葱》(The Onion)。在《洛杉矶时报》最近一篇题为《左派也有后真相问题:它被称为喜剧》("The Left Has a Post-Truth Problem Too: It's Called Comedy")的专栏文章中,斯蒂芬·马奇(Stephen Marche)指出:"特朗普主义盛行的后真相状况根源在于左翼的讽刺。……2009年,《时代》(Time)杂志的一项民意调查宣布(乔恩)斯图尔特是最值得信任的新闻主播。"[21]但我认为这不是一种恰当的理解。讽刺反衬了政客们长期试图让人接受的谎言和废话。它无意让自己被当成真事。这就是它的部分意义所在。嘲讽现实,旨在突出现实中的荒谬。如果一个人认为讽刺是真实的，那就没有意义了。讽刺的目的不是欺骗，而是嘲笑。正如马奇本人在他的文章中所指出的："从某种意义上说……政治讽刺是假新闻的反面。讽刺作家撕开新闻业的伪装，揭露他们认为真实的东西。假新闻网站利用新闻业的幌子传播他们明知错误的信息。"[22] 然而马奇认为，尽管他们的意图不同，结果却是一样的："政治讽刺作家和他们的受众已经把新闻本身变成了笑话。无论他们的政治内容为何，他们都为美国政治话语的后真相状态做出了贡献。"[23]

这似乎是政治讽刺的沉重负担，令其难以行动。然而，人们已听到汉尼蒂对福克斯新闻的辩护："我们必须相信美国民众，相信他们有几分才智，他们知道观点类节目与新闻类节目的区别。"信息传递者要对粉丝群体中可能产生的错误印象负责吗？还是说，这种责任只该落在那些故意误导他人相信不实信息的人身上？但是，如果讲故事的方式确实制造了一些误解，那该怎么办呢？将责任转嫁到观众身上，是否就足以免除制造偏见的罪恶？

媒体倾向的问题

我们已经看到，更具党派色彩的模式带来挑战之后，

信息传递者要对粉丝群体中可能产生的错误
印象负责吗？还是说，这种责任只该落在那
些故意误导他人相信不实信息的人身上？

传统媒体在这种竞争性条件下是如何衰落的。而我现在要探讨的是，传统媒体的质量，以及对于优秀新闻在价值观上的责任，是否也一样在衰落。

随着 1996 年有线电视"新闻"节目的兴起，传统媒体开始褪色。他们不想和**那些媒体**混淆！因此，无论是无线电视网的报道、美国有线电视新闻网，还是"主流媒体"报纸，它们都试图通过更强调"客观性"以脱颖而出。福克斯新闻"公正而均衡"的报道口号无疑是为了嘲弄**传统**媒体。这并不是说福克斯会认为他们自己的报道更加均衡；相反，他们认为他们**就是**以自身取得整体的均衡。其他媒体过于左倾，因此他们进行了偏右的平衡。但由于传统媒体永远无法接受他们实际上**就是**偏左的观点，他们决心表明其在报道中确实**可以**做到"公正而均衡"，因而开始报道所有争议问题的"两面"。

这非但没有增强客观性，反而有一种讽刺效果，有损于他们提供准确新闻报道的承诺。在一个党派人士急于传递其观点的环境中，向党派雇用的骗子提供一个宣泄不满的平台，肯定无法维护新闻诚信的最高标准(其中最重要的应该是讲真话)。然而，事实正是如此。客观性的口号反映在提供"均等时间"的决心，以及"讲述故事的两面性"

77

媒体通过给予"均等时间",仅仅创造了"虚假的均衡",它们报道一项议题的两个方面,即便当时并不存在两个可信的方面。

的本能反应上，即使在事实问题上也是如此。虽然涉及到观点争议时，这可能是一个合理甚至值得称赞的目标，但是对于科学研究的报道而言，这是一场灾难。媒体通过给予"均等时间"，仅仅创造了"虚假的均衡"，它们报道一项议题的两个方面，即便当时并不存在两个可信的方面。

在第二章中，我们已经看到了科学否定论者怎样利用媒体对客观性的担忧。他们不再需要拿出整版广告来宣传自己的主张，只要胁迫媒体，使其相信，如果在科学话题上存在"其他研究"，但没有报道出来，那一定是因为媒体有偏见。媒体人就此上钩，即使这些争议只有那些在金融或政治上有利害关系的人提出，他们也开始报道气候变化和疫苗等"争议性"话题的两面。结果就是公众对媒体煽动的假信息感到了彻底的迷惑。

1988 年，早在气候变化成为一个政治问题之前，老布什(George H. W. Bush)总统就承诺用"白宫效应"来对抗"温室效应"。[24]然而，在接下来的几年里，全球变暖问题成为激烈的党派之争。石油公司已经开始做他们自己的"研究"，并希望媒体进行报道。同时，他们也在为政府部门捐款并游说他们。我们现在明白，所有这些都只是"人为制造的怀疑"，企图掩盖一项事实，即世界气候科学家几乎已经达成以下两点共识：一是气候变化正在发生，二是人类活动对此负有责任。但是，无法把这个问题留给科学家们去解决，因为它牵涉到太多利益。反正只要场上还有"怀疑论者"，媒体就觉得有责任把气候变化作为一个有争议的话题来报道。

詹姆斯·汉森(James Hansen)是气候变化问题最早的吹哨人之一。1988年，他在国会做证，使得美国参议院提出了两项法案。作为美国宇航局(NASA)戈达德空间研究所的前任所长，他是该领域的世界顶尖专家之一。然而，面对媒体对事实的"客观性"认定时，他的一手资料遭到侮辱：

80

> 我过去总是一视同仁地划分责任，直到有一天，我上公共电视时，制作人告诉我：这个节目还"必须"纳入一个"反方"人物，他会对全球变暖的说法提出异议。他告诉我，商业电视就像电台广播和报纸一样，提出这样的反对观点是一种惯例。公共电视的支持者或广告商出于自身的特定利益考虑，要求"均衡"报道，才会持续给予财务上的支持。(美国前副总统)戈尔的书中揭示，尽管最近报纸上一半以上关于气候变化的文章都对这种相反观点给了同等的重视，但同

行评议的期刊上几乎没有一篇科学文章质疑人类活动排放导致全球变暖的共识。因此，即使在科学证据明确的情况下，反对者在技术上吹毛求疵也会给公众留下一个错误印象，以为气候变化的现实和原因仍然存在很大的科学不确定性。[25]

此外，汉森的遭遇完全算不上特例。一夜之间，公众都开始参与电视分屏"辩论"，屏幕的一边是科学家，另一边是"怀疑论者"。主持人会给双方大致相同的时间去讨论，然后宣布这个问题"有争议"。有一段时间，大多数电视新闻节目似乎都在模仿福克斯新闻的口号"我们报道，你来决定"。

公众自然会感到困惑。气候变化到底有没有科学上的争议？如果没有，为什么电视节目如此呈现呢？媒体可能会告诉自己，在"党派"问题上表明立场不是他们的职责，但稍作调查，他们便会知道，科学家对此并**没有**分歧，如此报道相当于新闻舞弊（journalistic malpractice）。追求客观性的目的不是在真相和假话之间给予平等的时间——而是要促成真相。既然科学家们已经在气候变化问题上达成共识，唯一正在发生的"争议"就是由石油公司和那些相信他们谎言的人挑起的政治争议。结局就是，即便并没有真正的科学争论，但公众仍然认为存在争议——就像四十年前关于吸烟与癌症之间关系的争议一样。

谁又能责怪公众呢？他们是在新闻上看到的！时至今日，媒体已经放弃了"说真话"的职责，转而"遮遮掩掩"，表明他们没有偏见；于是那些心怀叵测的人趁虚而入，用假怀疑论混淆视听。媒体为什么会允许他们这样做？部分原因可能是由于报道时的惰性。正如一位评论员所说：

> 客观性为惰性提供了借口。在截稿日前，哪怕你只有"故事的两面"，那通常也足够了。这并不是说列出争论要点对读者来说毫无价值，而是我们常常沉迷于……"最近更新"，这样就难以推动报道逐步深入，去理解其中的是非曲直。[26]

但这可能会产生可怕的后果，因为如果你对真实的事物提供假话之反叙事，它会让动机推理生根发芽，直至根深蒂固。政治流氓在利用媒体，媒体在误导观众。但这个问题还有另一个角度：利润。在竞争日益激烈的媒体环境中，电视网可能一直在寻找有一定戏剧性的"故事"。如果唐纳德·特朗普在《交易的艺术》(*The Art of the Deal*) 一书中说了什么真事的话，那就是：媒体更喜欢争议而不是真相。[27] 人们如何证明这样的指控是正当的，而非得出结论，说这只是在一个公认的复杂主题上发生的异常现象？其实这种情况一再发生，比如在 1998 年安德鲁·韦克菲尔德 (Andrew Wakefield) 博士伪造的研究中，他宣称疫苗与自闭症之间存在所谓的联系。

这里的戏剧性更强。生病的孩子和他们悲伤的父母！好莱坞名人选边站！也许有阴谋以及政府遮掩！一次又一次，媒体完全没有报道基于证据得出的最有可能的结论：韦克菲尔德的研究几乎可以肯定是假的。他有大量未公开的利益冲突，他的研究无法重复，他的医疗执照也被吊销了。这一切到 2004 年已经众所周知，当时正值报道疫苗和自闭症新闻的高潮*。后来，当韦克菲尔德的研究就是一场欺诈和骗局的确切消息传出时，损害已经造成了。多年的电视分屏辩论已经让人付出代价。疫苗接种率急剧下

---

* 指接种麻疹、流行性腮腺炎和风疹三联疫苗会引发自闭症的骗局。1998 年，一位名为安德鲁·韦克菲尔德的外科医生以及另外 12 名医生联合在著名医学杂志《柳叶刀》上发表了一篇有关麻腮风三联疫苗风险的文章，称在对一些儿童进行调查分析后发现，麻腮风疫苗可能与肠道疾病和儿童自闭症有关。该骗局一度使英国接种上述疫苗的儿童数量锐减，相关疾病发病率上升。后来的事实证明，这是一份伪造数据的报告，但直至今天它仍是反疫苗运动者的主要论据之一。

降，一度几乎被根除的麻疹后来在 14 个州暴发，有 84 人患病。[28]

如果你认为印刷媒体在发生的这一切中是无可指摘的，那你就错了。在 2004 年题为《作为偏见的平衡：全球变暖与美国主流媒体》("Balance as Bias: Global Warming and the US Prestige Press")的研究中，麦克斯韦·博伊科夫(Maxwell Boykoff)和朱尔斯·博伊科夫(Jules Boykoff)发现，"均衡报道"模式导致《纽约时报》《华盛顿邮报》《洛杉矶时报》和《华尔街日报》在气候变化问题上严重误导公众。[29] 这里的问题不是任何所谓的政治偏见，而是研究人员所谓的"信息偏差"(information bias)，即记者所遵循的新闻采集和报道程序会制造出歪曲真相的新闻报道。简言之，"(信息)偏差是主流媒体对全球变暖的报道与科学界的普遍共识之间的差异"。[30] 但这是怎么发生的呢？坚持客观、公正、准确和均衡的新闻价值观怎么可能让人**远离**真相？答案就是因为记者们屈服于"均衡报道"，将那些党徒提供的信息纳入其中，而那些党徒的目标在于将记者推离真相。这就产生了一种"否定性论述"(denial discourse)，可能会给边缘观点带来过多的可信度："均衡的报道放大了一小群全球变暖怀疑论者的观点。"[31] 问题其实很简单。

哪怕一道菜中只用了一种腐烂的食材，整道菜就会充满腐烂的味道。

> 均衡的目的是保持中立。它要求记者在任何重大争议中陈述冲突双方合法发言人的观点，并给予双方大致等同的关注。[32]

但也存在一种危险，因为均衡往往是事实核查的替代品：

> 一般记者，即使是一个受过科学写作训练的记者，也没有时间和专业知识来亲自检查这些说法的真实性。[33]

因此，意识形态上的"专家"利用这种情况的时机已经成熟，他们的利益与某一特定科学问题的报道方式存在相关性。

在全球变暖问题上出现过这种情况吗？即使有也并不奇怪。还记得1998年由美国石油协会召开的会议和后来泄露的战略备忘录吗？石油公司招募的那些"独立科学家"获得了回报。麦克斯韦·博伊科夫和朱尔斯·博伊科夫明确指出，美国石油协会成功的媒体战略是造成气候变化报道偏差的一个重要因素：

> 在美国主流媒体的报道中，均衡报道占了上风；这些内容"大致对等地关注"了两种观点：一种观点认为，人类导致全球变暖；另一种则认为，单纯的自然周期波动也可以解释地球温度升高。[34]

像电视记者一样，纸媒记者也被耍了。

后真相的含义

近期，传统新闻价值观的捍卫者处于一种取胜无望的局面。他们看到自己的市场份额被削弱，那些观点类、有时未经编辑的内容越来越受欢迎，此时，即使尽最大的努力维护真相，他们还是会被指责存在偏见。如果他们说总统是个骗子（即使总统正在撒谎），就会遭受批评。如果他们无视"怀疑论者"在科学辩论中的观点，就会被指责只讲了故事的一面而忽略了另一面。也难怪主流媒体和电视网中的一些人希望他们能够复归新闻价值观得到捍卫、新闻权威得到尊重的"旧日好时光"。[35]

　　与此相反,他们得到的是猛烈的批评。唐纳德·特朗普已经习惯于将任何他不喜欢的媒体报道称为"假新闻"。在他的竞选集会上,他称新闻界是一批"地球上最不诚实的人"。[36] 而且这种说法正在发酵。最新的盖洛普民调显示,美国人对大众媒体的信任度目前已降至新低,从1976年水门事件和越战后的72%,下降到现在的32%。[37]

　　这不过是往后真相又迈进了一步。由于现在的新闻受众由众多的政治派别组成,传统媒体和另类媒体(alternative media)之间的界限已经模糊,许多人现在更喜欢从那些事实来源可疑的媒体获取新闻。事实上,如今许多人甚至无法判断哪些消息来源是有偏见的。如果一个人认为所有媒体都有偏见,那么对他来说,根据自己的偏好选择哪个信息源或许没多大区别。自大选以来,那些提供图表以检验各种媒体来源可靠性的人遭受了人身伤害的威胁。[38]

　　当然,社交媒体的兴起促进了这种信息的免费共享。事实和观点如今在互联网上并列出现,谁知道该相信什么呢?由于没有过滤和审查,读者和观众现在很容易接触到源源不断的纯党派新闻。随着主流媒体的声誉落至谷底,那些为利益做宣传的人不必再为别人如何报道**他们的**阵营

87

而担心。现在他们有了自己的媒体。

就算失败了，还有推特(Twitter)。如果对特朗普来说媒体是敌人，那么他可以直接向民众传达他的信息。当人们可以直接从美国总统那里听到消息时，谁还需要事实核查呢？

至此，对现实的挑战已经完成。

第五章

社交媒体的兴起与假新闻问题

不要相信你在网上看到的一切。

——托马斯·杰斐逊(Thomas Jefferson)*

毫不奇怪，传统媒体的衰落在很大程度上是互联网导致的。美国报纸发行量的高峰年是1984年。[1]然后开始长期下滑，失去的市场份额由有线电视占去了一部分。随着90年代万维网(World Wide Web)的大规模普及，局面才真正开始动摇。2008年金融危机来袭时，许多报纸进入了一个自毁的循环：收益下降，裁员，产品缩减，随后订户进一步流失。

---

*　署名"托马斯·杰斐逊"为讽刺。

分析家们近年来警告说，报纸持续减少印量，等于在请读者别来购买。大多数报纸都大幅缩水——文章减少了，版面也就越来越小，越来越少——同时还缩减了新闻编辑部的工作人员。高盛集团分析师彼得·阿佩特（Peter Appert）表示，"在我看来，在不影响产品编辑质量的前提下，大幅削减成本是不可能的。我无法证明品质能推动发行量，但如果我是一名报纸出版商，这事肯定会让我夜不能寐。"[2]

2016 年皮尤研究中心发布的最新"新闻媒体状况"报告中，他们描绘了这个噩梦的全景：

对报纸而言，2015 年可能也是衰退之年。工作日发行量下降 7%，周日发行量下降 4%，均为 2010 年以来的最大降幅。与此同时，广告收入经历了 2009 年以来的最大降幅，从 2014 年到 2015 年下降了近 8%……根据目前能获得的最新数据，2014 年，新闻编辑部的就业人数也下降了 10%，比 2009 年以来的任何一年的跌幅都要大。过去 20 年里，报业裁减了约 2 万个职位，约为 39%。[3]

与此同时，无线和有线电视网正在经历另一种衰落。在上一章我们看到这样的过程：媒体早在 20 世纪 90 年代就已经开始放弃基于事实的调查性报道，转而呈现专家观点。电视网（连同报纸）多年来一直在缩减或关闭其国外新闻机构，以支持成本更低的国内报道。[4] 到 2015 年为止，这看起来是一个有先见之明的决定，至少从财政和收视率的角度来看是如此，因为几十年来最大的新闻就发生在国内。

如果只是说 2016 年的总统大选对电视网来说是一大福音，那就太轻描淡写了。其观众人数暴增，利润滚滚而来。美国有线电视新闻网公布的 2016 年毛利润为 10 亿美元，是其历史上最好的一年。[5] 福克斯（已经成为最赚钱的有线电视网）估计赚到了 16.7 亿美元。[6] 尽管有关选举的报道夜以继日，公众还是觉得不够多。"与去年同期相比，福克斯的日间收视率增长了 60%，美国有线电视新闻网增长了 75%，微软全国广播公司涨幅更大，达到 83%。"[7] 它们是如何做到的？在很大程度上，就是供应人们想要的东西——结果就是铺天盖地的有关唐纳德·特朗普的报道。当然，福克斯新闻很乐意为特朗普当托儿；一些媒体已经完全摒弃报道其他内容，只为共和党作宣传。[8] 但即便是美国有线电视新闻网，也对特朗普的支持者集会进行了完整的现场直播，且没有任何审查或编辑评论。据估计，有线新闻网在 2016 年大选期间为特朗普提供了近 50 亿美元的免费媒体报道。[9] 显而易见，这样做也符合媒体自身利益。特朗普是一只会下金蛋的鹅，他本人从免费报道中获利，但电视网无疑也从中盈利。电视网是否因此掩盖了核查特朗普某些谎言的责任？许多人的确如此认为，因为几乎没有哪家电视网对陈述真相采用过更高的标准，还是停留在科学话题上已经使用的那一套"虚假的均衡"策略，也就是将特朗普和希拉里双方的支持者纳入了专家小组。有些人甚至会说美国有线电视新闻网为唐纳德·特朗普当选总统助了一臂之力。[10] 其总裁杰夫·朱克(Jeff Zucker)不会这么想，但他也承认："如果我们去年犯过什么错误，那就是在最初几个月里，我们可能确实拍摄了太多他(特朗普)的竞选集会，并且不加限制地进行播放。"[11] 与此同时，在这些集会期间，特朗普一有机会就会侮辱媒体。他让媒体们待在围栏里，禁止他们对演讲期间的人群画面进行切换。他是怎么做到的？新闻媒体必须同意这一点，才能享受报道特朗普的新闻带来的暴利。报纸已自身难保，电视新闻为了自身利益几乎都深陷泥潭，公众能去哪里发泄他们因最新的媒体引发的愤怒和不满，或者从他们信任的人那里直接获取内部消息呢？答案就是直接去社交媒体。

2004年创建之初，脸书只是一个社交网站，允许用户与现有朋友联系并结交新朋友。他们可以分享自己的想法，并参与自己喜欢的任何话题的在线社区讨论。随着脸书的不断发展，它产生了新闻聚合效应。这不仅通过人们在自己的页面上分享新闻话题，还有由脸书策划（并编辑）的页面右侧的"热点话题"栏来实现。这是根据用户"点赞"来推选的，因而针对性地展示了我们更愿意看到的新闻报道。当然，其他公司也希望参与进来，不仅要呈现用户的内容，还要成为一个从其他来源所获取内容的替代性新闻网络。于是在2005年，优兔（YouTube）成立了，2006年则是推特。

社交媒体作为新闻来源的崛起进一步模糊了新闻和观点之间的界限，因为人们分享着从博客、从另类新闻网站（alternative news sites）和天知道哪里找来的故事，仿佛它们都是真实的。随着2016年总统大选的升温，社交媒体上越来越多的内容扭曲了党派立场，这与传媒技术带来的"动机推理"氛围非常契合。我们可以点击"新闻"报道，阅读我们想要看到的内容（无论它们是否经过核实），而不必在乎主流媒体中一些不太受欢迎的事实内容。人们在不知不觉中直接满足了他们对证实性偏差的渴望（更不用说可以为一些免费的新闻内容评分），也不必为传统新闻媒体付费了。既然你可以从朋友那里得到足够多感兴趣的消息，而且朋友们的评论正合你意，为什么还要花钱订阅报纸呢？"主流媒体"对此毫无招架之力。

在最近的一项皮尤民意调查中，62% 的美国成年人表示，他们从社交媒体获取新闻，其中 71% 来自脸书。这意味着 **44% 的美国成年人**现在从脸书获取新闻。[12] 这反映了我们新闻内容的来源（和构成）的巨大变化。随着审查和编辑的减少，我们怎么知道还有哪些报道是可靠的呢？虽然传统新闻仍然存在，但越来越难以区分哪些是来源明确、以事实为导向的报道，哪些不是。当然，有些人就是喜欢阅览（并相信）本就符合他们观点的新闻。

其结果就是众所周知的"信息孤岛"问题，它助长了媒体内容的两极分化和碎片化。[13] 如果我们从社交媒体获取新闻，就可以屏蔽那些我们不喜欢的来源，就像我们可以疏远那些与我们的政治观点不合的人一样。我们的新闻源是可靠的还是无事实依据的，将取决于朋友的审查，以及

脸书根据我们的"点赞"数来推送新闻的算法。具有讽刺

意味的是，互联网原本是要让任何人都能检索到可靠的信息，但如今对于某些人来说，它不过是一个回音室。这有多么危险。由于对现在有时被称为"新闻"的内容没有任何形式的编辑把关，我们怎么知道自己何时正在被操纵？

我记得大约七岁的时候，我和妈妈一起去本地的超市。我在收银台前看到了一些耸人听闻的报纸标题。我把它指给我妈妈看，她说："哦，那是垃圾，《国家询问者》(*National Enquirer*)，满纸谎言。你别信它的。"然后，我们展开了一场认真的对话，讨论她如何在不读内容的情况下就知道这不是真的，以及一家报纸在刊登一些明知是假的内容时，又如何能够逃脱惩罚。《国家询问者》如今仍然以纸媒形式出现在收银台前，所以我想请读者们进行一个 21 世纪的思想实验。假设你带了一份《国家询问者》和一份《纽约时报》回家，用剪刀剪下新闻报道，然后把它们并排拼贴，扫描成电子格式，并修改字体，让人难以一眼就看出差别。这样，你如何才能立即分辨出哪些报道是真的？但这正是新闻在脸书、谷歌（Google）和雅虎（Yahoo）等新闻聚合网站上呈现给我们的方式。你可能会说，还可以看报道的出处，但是你知道哪些来源是可靠的吗？如果你看到的是《纽约时报》，可能会更愿意相信它。但如果是信息

97

具有讽刺意味的是，互联网原本是要让任何人都能检索到可靠的信息，但如今对于某些人来说，它不过是一个回音室。

战网(InfoWars), 或者 Newsmax 和 ABCNews.com.co 呢?

现下有如此多的"新闻"来源,以至于在未经仔细审查的情况下,几乎不可能分辨出哪些是可靠的,哪些不是。随后就有了这样一个问题:一些消息来源用巧妙的掩饰,尽量让自己看起来合理。比如,ABCNews.com.co 是美国广播公司的分支机构吗?并不是。当经过传统审查、事实核查的新闻报道,与谎言及宣传并列放置时,人们怎么还能厘清什么是真实的呢?事实上,对于那些带节奏的人来说,利用我们的无知和证实性偏差就能掀起一场无与伦比的风暴。

假新闻的历史

假新闻并非始于 2016 年总统大选,也不是始于社交媒体的出现。事实上,有人认为假新闻是与"新闻"概念本身同时出现的。

1439 年约翰内斯·古腾堡(Johannes Guten-berg)发明印刷术后,在新闻开始广泛传播的同时,假新闻也开始流行。在那个时代,"真"新闻很难核实。新闻来源大批涌现——从政治和宗教组织发行的官方

98

出版物，到海员和商人的目击者描述——却并没有新闻道德或客观性的观念。寻找事实的读者必须密切注意……（假新闻）的出现……远早于经证实的"客观"新闻，而客观新闻在一个多世纪前才开始涌现。[14]

那些年代，假新闻一直在流传，甚至在科学革命和启蒙运动期间也是如此。法国大革命前夕，巴黎出现许多小册子，称政府几近破产。然而，这些都是由政治上的反对派散发的，他们使用不同的数字、谴责不同的人。最终要等信息充分公开之后，人们才开始了解真相，"但是，像今天一样，读者必须学会质疑并懂得去伪存真"。[15]在美国革命期间，英国人和美国人都发布了假新闻，其中包括本杰明·富兰克林(Benjamin Franklin)纯属虚构的小说，是则关于一些会"剥头皮"的印第安人与乔治国王成为同盟的故事。[16]

此后，假新闻在美国和世界各地都持续流传，但最终"客观性"标准开始出现。迈克尔·舒德森(Michael Schudson)在其精辟独到的著作《发掘新闻：美国报业的社会史》(*Discovering the News: A Social History of American Newspapers*)中写道：

19世纪30年代以前，客观性不是一个问题。人们期望美国报纸发表的是党派观点，而不是中立观点。事实上，人们根本不指望他们以我们想象的方式报道当天的"新闻"——而"新闻"概念本身是在杰克逊时代(Jacksonian era)发明的。[17]

杰克逊*时代发生了什么，致使出现了新闻应无党派立场、实事求是的理念？

这与美国第一家通讯社，即美联社的兴起有关。电报发明于19世纪40年代，为了利用其传播新闻的速度，一批纽约报社于1848年组建了美联社。由于美联社收集新闻，并在各种不同的报纸上发表，而这些报纸的政治倾向性很广泛，只有使其报告足够"客观"，才能让所有成员和订户都能接受，并取得成功。到了19世纪末，与大多数单一报纸的报道相比较，美联社的报道明显更少受到编辑意见的影响。因此，有人认

---

*　指美国第七任总统安德鲁·杰克逊，1829年—1937年在任。

为，美联社的做法总体上已成为新闻业的理想。[18]

这并不意味着假新闻消失了，甚至也不意味着某一家报纸更加"客观"。美联社或许向报社提供了没有党派立场的原始材料，但各家报纸继续各行其是。

19世纪末美联社发展壮大，客观报道却并没有成为新闻业的主要规范或惯例……在世纪之交，主要报纸都强调讲一个好故事，而不是了解事实真相。各种形式的耸人听闻是报纸内容的主要发展态势。[19]

这是"黄色新闻"(yellow journalism)的时代，威廉·伦道夫·赫斯特(William Randolph Hearst)和约瑟夫·普利策(Joseph Pulitzer)等媒体大亨在报纸发行量上相互争斗。没有人知道"黄色新闻"一词在19世纪90年代从何而来，但人们普遍认为，黄色新闻指的是淫秽的、过分夸张的、丑闻驱动的新闻，这种新闻对吸引读者的兴趣比对讲真话的兴趣更大。[20]这种新闻到底有多糟？糟糕到足以引发一场战争："如果赫斯特没有出现在纽约新闻界并引发一场激烈的报纸发行战，就不会发生美西战争。"[21]更糟糕的是，这似乎不是粗心大意造成的意外后果，而是为了促进销量刻意而为的结果：

> 19世纪90年代, 威廉·伦道夫·赫斯特等财阀和他的《纽约晨报》用夸张的报道引发了美西战争。当在哈瓦那的赫斯特手下记者发来电报说不会有战争时, 赫斯特……回复了一句名言: "你提供照片, 我就提供战争。"赫斯特刊出了古巴官员对美国妇女搜身的假图片——而他真的得到了战争。[22]

情形如此恶劣，而赫斯特并不是唯一的罪人，这也不是导致美西战争的唯一的黄色新闻事件。

> 1898年, 美国海军战舰"缅因号"(USS Maine) 在古巴哈瓦那附近爆炸, 造成250多名美国人死亡。原因从未找出。但黄色媒体突然得出结论, 是西班牙人故意这么做的。"记住缅因号"成为黄色媒体的口号, 推动舆论走向战争。[23]

但随后，在黄色新闻热的鼎盛时期，客观性的理念开如果回顾整个历史，我们就会意识到，富人和有权势之人总是希望（通常也有办法）让"小老百姓"相信权贵们想让他们相信的那些东西。

始向前推进：

> 1896 年，在黄色新闻最肆无忌惮的日子里，《纽约时报》通过强调新闻的"信息"模式而不是新闻的"故事"模式，逐渐奠定其在新闻界的主导地位。美联社提供具有客观性的新闻实际上是为了吸引各种政治倾向的多元化客户，而《纽约时报》则提供丰富的资讯，着眼于吸引相对精选的、社会同质性较高的富裕读者群。[24]

在经历了显然不太顺利的发展之后，新闻客观性的观念开始流行起来，一直持续至今。而现在，我们正在告别那个被媒体宠惯了的时期，那时我们期待媒体具有客观性，并认为这种期待是再自然不过的。

> 直到网络新闻的兴起，我们这个时代的新闻观念才受到严重挑战，假新闻再次成为一股强大的力量。你可能会说，是数字信息让黄色新闻重新回归主流。[25]

让我们先退一步思考。从某个角度来看，期待新闻客观中立难道不是一件令人惊奇的事情吗？如果回顾整个历史，我们就会意识到，富人和有权势之人总是希望（通常也有办法）让"小老百姓"相信权贵们想让他们相信的那些东西。在印刷文字成为廉价且具有竞争性的信息来源之前，人们不会惊讶于国王或者控制那个时代金钱和政治的人真能"创造自己的现实"。[26] 这就是为什么自由媒体是一个革命性的（也是新近的）概念，即便它们受到了假新闻的污染。但是，我们为什么会认为自由的媒体无需代价，或者说我们不需要努力去寻找真相？正如我们所看到的，新闻媒体在大部分历史时期中都是具有党派色彩的。宣传册是政治性的。报纸的所有者是有商业利益考量以及其他立场的。事实上，这一切真的改变过吗？当新闻来源不客观时，我们感到震惊，认为自己拥有读到客观报道的权利。但我们有没有拿出真金白银去支持对实事求是的中立报道的期待？又或是——在大选让我们醒悟之前——对于正在失去的东西，我们是否真的密切关注过？人们很容易归咎于技术进步，并声称"时代不同了"。但技术在生产假新闻的过程中向来很重要。印刷术和电报机让我们对新闻业有了不同的期望，也对我们自身产生了影响。互联网让我们以便利的方式(和低廉的价格)获取新闻，也使我们变得懒惰。权利感侵蚀了我们的批判性思维能力。这难道不是为假新闻提供滋生土壤、令其死灰复燃的一部分原因吗？

如今的假新闻

到目前为止，关于假新闻的历史我们已开展了诸多探讨，却仍然没有定义它。什么是假新闻？假新闻并不仅仅是错误的新闻；它是有意伪造的。[27] 它是为某个目标而炮制的。在 2016 年大选季开始之际，这个目标可能就是"用标题吸引点击量"。他们想让你点击一个具有挑衅性的标题，这样就可以给他们的金库增加几美分，就像《国家询问者》诱你把它塞进你的购物车，用的标题是"希拉里仅剩六个月生命！"，但标题党随后将新闻内容演变为黑幕。一些"假新闻"的创作者开始注意到，关于特朗普的好消息比关于希拉里的好消息获得了更多的点击——而关于希拉里的**负面**消息则获得了最多的点击。猜猜他们为哪一方推波助澜了？在这种环境下，假新闻从标题党演变为假信息。它从获取经济利益的工具转变为进行政治操纵的工具。

2016 年大选中的大量假新闻来自巴尔干半岛和东欧

其他地区。2016年11月25日，《纽约时报》刊登了一则报道，标题为《深入假新闻制造厂*：一切为了钱》（"Inside a Fake News Sausage Factory: 'This Is All about Income'"）。[28] 我们从中得知，有一位来自格鲁吉亚第比利斯的穷苦大学生本加·拉察比泽（Beqa Latsabidze），他和两个室友住在一起，他们想通过谷歌广告赚点钱。他声称，起初他发布了关于希拉里·克林顿的正面报道，期待大量点击能让他赚到钱，但没有奏效。然后他开始为唐纳德·特朗普做同样的事情，结果他发现自己找到了一座金矿。"都是特朗普……人们为之疯狂，"他说，"我的读者喜欢特朗普……我不想写特朗普的坏话。如果我写关于特朗普的假新闻，我就会掉粉。"因此，他开始抨击希拉里、吹捧特朗普，并赚到了数千美元。其中最赚钱的文章完全是虚构的：墨西哥政府宣布，如果特朗普赢得大选入主白宫，他们将对美国人关闭边境。当被追问时，拉察比泽说他没有政治动机；他只是"向钱看"。对于有人把他写的东西误认为真正的新闻，他感到不可思议。"没有人真的相信墨西哥会

---

* 　原文为"香肠工厂"（Sausage Factory），指假新闻和香肠的生产相类似，其制造者知道其中灌了哪些原材料，加工、包装、出售都需要怎样的流程，而最终生产出来的产品他们自己却不想要。

关闭边境。"事实上，他说他根本不认为自己的所作所为是"假新闻"，而是将其视为"讽刺"。[29]

由于美国所有 17 个情报机构都认定俄罗斯政府积极参与了黑客入侵，干扰美国大选活动，这位大学生的无罪辩护势必会遭受质疑。克里姆林宫方面曾经黑入民主党全国委员会的电脑，寻找可用于操纵选举的信息，又有大量亲特朗普的假新闻来自俄罗斯及其卫星国，由此推测抨击希拉里的假新闻背后可能有来自政界的财政激励(或至少是想法)，相信这一点真的很难吗？黑客们可能只对金钱感兴趣，但他们在为谁的目标服务呢？事实上，马其顿的一个小镇集中建立了 100 多个支持特朗普的网站。我们还能否相信，这不是一场共谋，背后没有意识形态目标？[30]

当假新闻的提供者漂洋过海，出现在美国本土时，这个问题便一直萦绕不去。在《假新闻制造厂》的文章发表两个月后，《纽约时报》又登出一则关于抹黑希拉里的假新闻的爆炸性报道，他们发现美国戴维森学院的应届毕业生卡梅伦·哈里斯(Cameron Harris)是特朗普的支持者，他在自己的"基督教时报"(Christian Times)网站上发布了一则假新闻"杰作"。其标题是:《在俄亥俄州的仓库里发现了数万张希拉里·克林顿的假选票》。[31] 哈里斯盗用了网上的一张英国投票箱照片，合成了一名守卫上去，随后在餐桌上捏造了整件事。结果有六百万人分享了这篇报道！和格鲁吉亚黑客一样，哈里斯声称他的唯一动机是钱。他在几天内赚了大约 5000 美元，但他说最重要的是他在这一事件中了解到一些东西。"起初，我有点震惊，"他表示，"人们有多轻信。这几乎像是一个社会学实验。"哈里斯在此事件中的所作所为曝光后，他立即被解雇，他对自己的行为表示悔恨，尽管也为自己辩护说"双方"都制造了假新闻。[32]

当然，在推测动机时必须小心。联邦调查局和国会对 2016 年总统大选中俄罗斯黑客行为的调查仍在进行中，我们尚不知道这些活动的关联程度如何。[33] 似乎可以确认的是：无论美国总统大选中假新闻的大多数发布者是否有意识形态动机，他们的行动无疑都产生了政治影响。有多少人读过并相信了希拉里"假选票"事件的报道，并可能与其他尚未决定如何投票的人分享了这则消息？类似地，在布莱巴特新闻网 (Breitbart) 和其他右翼新闻渠道上，揣测希拉里是否患有脑瘤的报道就算不是纯粹的假新闻，也至少构成了误导性的"假信息"，这其中有多少报道是为了左右政治？事实上，粗心或故意的忽略难道不会有助于某些意识形态目的吗？大选后，商人埃里克·塔克(Eric Tucker)在推特上发布得克萨斯州奥斯汀市公交车的照片，他认为这些公交车是用来载送反对唐纳德·特朗普的有偿抗议者的，他没有因此赚到一分钱，但他肯定用无端猜测在败坏新闻方面助了一臂之力。他的帖子在推特上被分享了16,000次，在脸书上被分享了350,000多次，最终传到特朗普本人那里，特朗普在推特上说，专业的抗议者现在正受到媒体的煽动。[34]

正如前文提到的科学否定论的例子，有些人在撒谎，有些人遭欺骗，对真相而言，这两种人都是危险的。否认气候变化可能始于石油公司的经济利益，但它很快就成为一种具有潜在灾难性影响的政治意识形态。类似地，关于2016年大选的假新闻可能一开始只是标题党所为，但很快就演变为政治抹黑的利器。假新闻就是故意以错误信息误导他人，无论是为了利润，还是为了权力。但无论哪种情况，后果都可能是极其严重的。总统大选后不到一个月，一名疯狂的男子走进华盛顿特区的一家比萨店并开枪，说他正在调查他读到的一则新闻，内容是希拉里·克林顿夫妇如何在那里从事儿童性奴生意。这是一则假新闻(配以"比萨门"[#pizzagate]的标签)在社交媒体和另类右翼网站

如果美西战争是由假新闻引发的，那么想到它
还可能引发其他战争，是否实在令人胆寒?

上传播的结果。[35] 所幸的是，没有人受伤。但是，假新闻会不会造成其他潜在的伤害？"嗡嗡喂"网站（Buzzfeed）报道说，在 2016 年总统大选前三个月内，脸书上排名前 20 的假新闻的分享量超过了排名前 20 的真实报道。[36] 特朗普的局面是因此得到扭转的吗？或者可能导致更危险的结果——比如核战争？

在"比萨门"事件发生几周后，巴基斯坦国防部长威胁要对以色列进行核报复，这是因为他读到一则假新闻。那则假新闻提到"以色列国防部长表示，如果巴基斯坦以任何借口向叙利亚派遣地面部队，我们将动用核武器，摧毁他们的国家"。[37] 如果美西战争是由假新闻引发的，那么想到它还可能引发其他战争，是否实在令人胆寒？何处才是尽头？假新闻无处不在。如果你不相信我，请去谷歌输入"大屠杀发生过吗？"。在 2016 年 12 月的热搜结果中可能就有某个新纳粹网站。[38] 美国大选的第二天，用谷歌搜索"最终选举结果"，头条新闻就是一则假新闻，它宣称特朗普已经赢得公众投票，并附有伪造的数据。[39]

掉入兔子洞

在担任总统的第一年里，特朗普一直试图利用假新闻的概念来达到自己的目的，将任何他不愿意相信的事情都污蔑为虚假的。[40]在2017年1月就职前的一次新闻发布会上，特朗普拒绝接受美国有线电视新闻网记者的提问，说记者在报道假新闻。其中的动因是什么？这似乎是因为美国有线电视新闻网曾报道特朗普和奥巴马都已听取一份尚未证实的简报，该报告提到对特朗普的猥亵指控。美国有线电视新闻网没有报道其中的具体内容，也没有说它们是真实的。他们所做的只是准确地报告称特朗普和奥巴马已经听取简报。但这已经足以让特朗普斥之为"假新闻"。在接下来的几个月里，特朗普说媒体报道其白宫幕僚间的钩心斗角、民调数字下降以及许多互相佐证为事实的消息都是假新闻。这是多么元讽刺(meta-irony)的时刻。现在，鉴别假新闻本身是否也成了一种传播假新闻的做法？

这里我们必须记住：假新闻并不仅仅是不真实(或令人尴尬，或惹出麻烦)的新闻。如果美国媒体在兜售假新闻，那就必定是**故意**伪造的。在其背后必然有意识形态或其他动机。要说没有证据表明美国新闻媒体中存在阴谋，这看起来很可笑。我们应该先回到假新闻是有意作假的这一观点。就如同说谎。有意作假就是即便知道所言非实，也要让人相信。人们可能就此认为假新闻只是"宣传"的同义词。

杰森·斯坦利(Jason Stanley)在其著作《宣传工作原理》(*How Propaganda Works*)中反驳了这一观点，指出宣传不应与带有立场的甚至操纵式的传播混淆。宣传不一定是试图说服某人相信不真实的东西，也不应该认为所有的宣传主张都是不真诚的。相反，斯坦利将宣传定义为利用和强化有缺陷的意识形态的一种手段。[41] 如果这是正确的，那就意味着假新闻和宣传之间的任何类比的复杂性——以及危险性——远远超出了迄今为止我们的想象。因为斯坦利认为，宣传的目的不仅仅是欺骗；相反，是统治的企图。

在最近一次美国国家公共电台(NPR)的采访中，斯坦利指出，宣传的目标是建立忠诚。[42] 重点不是交流信息，而是让我们"选边站"。[43] 特朗普使用了一些经典的宣传技巧(煽动情绪、诋毁批评者、嫁祸于人、分化与造假)，在这个意义上，斯坦利警告说，我们可能会走上威权政治的道路。宣传的目的不是要说服某人"我是对的"，而是要证明"我管控着真相本身"。当一个政治领袖极有权势时，就可以挑战现实。这听起来可能令人难以置信，但就算在美国政坛，我们也不是第一次听到这样的说法。还记得卡尔·罗夫(Karl Rove)曾经驳斥过一些对政府的批评吗？

他认为乔治·W. 布什政府就是"现实社会"(reality-based community)的一部分。罗夫接着发表了令人难忘的(且毛骨悚然的)观察:"我们现在是一个帝国,行动起来,我们就可以创造自己的现实。"[44]

这些想法实在可怕,让人希望它们不是真的。然而,斯坦利指出,这种对现实的威权式挑战实际上相当盛行。撒谎并逃脱惩罚是政治控制的第一步。斯坦利阐释了汉娜·阿伦特(Hannah Arendt)的观点,说"让大众信服的不是事实,甚至不是捏造的事实,而是公然的挑战。"

这有点扯远了。但即使有人不同意斯坦利的观点,认为假新闻只是为了某种金钱回报去故意欺骗(这可能产生了不幸的政治影响),我们也不能愚蠢地忽视历史的相似之处,历史足以证明信息控制可能是一种严重的政治威胁。希特勒的宣传部长约瑟夫·戈培尔(Joseph Goebbels)善于利用认知偏差,如"源遗忘"和"重复效应"。戈培尔说:"当被操纵的人确信他们按照自己的意志自由行事时,宣传效果最佳。"[45]欺骗、操纵以及利用,是公认的建立威权政治秩序的工具。

特朗普的战略或许与此不同,但并非无法识别:

1. 针对一些荒谬的事情提问("有人说","我只是重复我在报纸上读到的内容"），例如，奥巴马不是出生在美国，或者奥巴马曾授意窃听特朗普。

2. 除自己的信念外，不提供任何证据（因为没有证据）。

3. 暗示媒体不可信，因为他们有偏见。

4. 这将导致一些人怀疑他们从媒体上听到的消息是否准确（或者至少断定该议题有"争议性"）。

5. 面对这种不确定性，人们会更容易蹲守自己的意识形态、沉迷于证实性偏差，选择只相信符合他们先入为主的观念的东西。

6. 这种假新闻泛滥的成熟环境将强化第一至第五项。

7. 因此，人们会相信你说的话，只因为它出自你口。信念可以是部落化的（tribal）。如果部落盟友的言论没有受到相反的可靠证据质疑（有时就算受到质疑也是如此），那么让人相信他们愿意相信的事情并不太困难。

当真相被一堆胡言乱语掩盖时，谁还需要审查制度？ 116 这恰巧正是后真相问题的核心所在：真相不如感觉重要吗？我们甚至对于孰真孰假也难以分辨吗？

蒂莫西·斯奈德（Timothy Snyder）是一位研究大屠杀的历史学家，他写过一本有挑衅意味的《论暴政》（On Tyranny）。[46] 他写作该书是为了警示我们注意所选择的道路，假新闻和另类事实很容易将我们带向威权政治。事实上，在最近的一次电台采访中，斯奈德警告说："后真相就是前法西斯主义（pre-fascism）。"[47]这似乎是一个从假新闻的轻率中得出的沉重结论。但如今的社交媒体传播假新闻的速度比宣传者梦想的还要快，我们难道不应该至少意识到这种警告变成现实的可能性吗？

假新闻是否只是宣传？这个问题依然悬而未决。如果炮制假新闻只是为了赚钱，那更像是欺诈。但就算是为了误导你相信假话，有人可能会说这还不完全是宣传。正如斯坦利提出的，宣传的目的不是要愚弄你，而是要维护政治上的控制。对此，欺骗可能是一种有效的手段，但它不是唯一的方法。真正的威权主义者无须征得你的同意。如果后真相真的是前法西斯主义，那么假新闻可能只是一种早期策略，其目的是软化人心，以备日后之需。假新闻让我们困惑，让我们怀疑是否存在可靠的消息来源。一旦我们不知道还有什么是可信的，被利用的时机就到来了。也许随后就是真正的宣传——我们相信与否已经无关紧要——因为我们已经知道是谁在掌控。

反击

我们都看到过一些图表，这些图表旨在展示哪些媒体是有偏见的，哪些是可靠的。[48] 但是你知道接下来会发生什么吗？作为回应，保守派脱口秀主持人亚历克斯·琼斯（Alex Jones）的"信息战网"批评了一个广为人知的版本，同时发布了自制的图表。既有像思诺普斯网（Snopes）、政治真相网（*PolitiFact*）、事实核查网（FactCheck）和《华盛顿邮报》这样的"事实核查"网站，也存在一些声称拥有自身立场的网站。事实上，现在甚至还有人指控左派版本的假新闻。[49]

我们对此能做什么呢？首先，请记住，屈服于虚假的均衡的观念是在服务那些欺骗者的利益。当我们说"你们两家都见鬼去吧"（a pox on all your houses）的时候，我们正被某些人玩弄于股掌之间，这里所说的"某些人"正是让我们相信压根儿没有真相这回事的人。牢记这一原则，我们可以采取以下具体步骤。

首先，认识到整个系统性的问题，看它是如何被利用的。脸书和谷歌目前占美国近期所有在线广告收入总数的 85%。[50] 它们是广告巨头。有鉴于此，一些人说，应

118

该由它们去杜绝假新闻。自大选以来，脸书和谷歌都宣布了一些打击假新闻的措施。选举刚结束，谷歌就表示将禁止传播假新闻的网站使用其在线广告服务。[51] 这正好切中了所有巴尔干半岛等假新闻工厂的要害，他们赚钱就是靠谷歌广告的每一次点击。但有一个问题：如何确保所有且仅有那些宣传假新闻的网站被识别出来，以及如何应对一些反弹？脸书宣布不再允许显示误导性或非法内容的网站发布广告。[52] 然而，这里又出现了一个问题，因为根据一位计算机科学家的说法："你从来没有在脸书上真正看到过假新闻网站的赞助帖子。"[53] 人们从脸书上获得的大多数假新闻都来自朋友，而且也不清楚脸书是否能够（或想要）对此采取任何措施。之前，他们因为使用训练有素的编辑而不是算法来审核热门新闻，广遭"介入"新闻的批评，因而在保守派抱怨之后，脸书就不再坚持采用这种做法了。[54] 其他人则建议，这些大型科技公司应该想出一些办法，通过评级和警告系统来取缔假新闻，就像脸书现在对其网站进行裸体和恐怖分子斩首信息的监管，以及谷歌试图清除儿童色情内容一样。但是，这些试图"过滤"假新闻以及其他令人反感的内容的做法肯定也会受到指责，因为审查者在判断有偏见的内容时同样存在偏见。[55]

还有更好的方法吗？事实核查网站思诺普斯网的总编辑鲁克·宾考斯基（Brooke Binkowski）表示："消灭假新闻不是解决办法，而是用真实的新闻与之抗衡。这样，人们将继续寻找信息，最后将找到经过审查、细致详尽且系统深入的信息。"[56] 虽然这听起来很合理，但它肯定无法再让最积极的党派人士恢复元气，他们寻找的是能证实他们原有信念的报道。但它确实有先发优势。毕竟，"泛滥"不是最初假新闻愈演愈烈的原因吗？因此，也许解决方案是支持以提供来源、审查、循证报道为使命的调查性新闻机构。也许我们应该直接花钱订阅《纽约时报》和《华盛顿邮报》，而不是依赖每月十篇的免费文章。如前所述，其实一些人已经在这样做了，因为这些报纸的订阅量大大增加，《华盛顿邮报》近来也雇用了大批新记者。[57]

第二，人们可能会寻求更高的批判性思维能力，希望各学院和大学投身于这一使命。可以参考丹尼尔·J. 列维京（Daniel J. Levitin）的精彩著作《谎言猛如虎：如何在后真相时代做批判性思考》（*Weaponized Lies: How to Think Critically in the Post-Truth Era*）（之前以《谎言现场指南》[*A Field Guide to Lies*]为名出版，但在后真相热之后改名）。[58] 在此人们可以全面了解对于上乘推理非常宝贵的统计、逻辑和合理推论的技巧。

那些"数字新闻原住民"还没到上大学的年纪，但将在假新闻和欺骗的世界中成长，不得不学会分辨方向，他们又怎么办呢？我读过的最令人振奋的故事之一来自斯科特·贝德利（Scott Bedley）。他是加利福尼亚州欧文市的一名五年级教师，正在教他的学生如何识别假新闻，他给学生一系列注意事项，然后使用案例进行测试。

> 我需要我的学生理解，"假新闻"是作为准确新闻报道的，但缺乏可靠性和可信度。一个很好的例子是一则广泛流传的报道，说教皇支持某一位总统候选人而非另一位。我决定设计一个游戏，目的是区分出真新闻和假新闻……我的学生非常喜欢这个游戏。有些人不愿意结束，要我再给他们一次机会，辨别出我准备的下一篇文章。[59]

他所教的技巧是什么？事实上，根本没有什么技巧。一个五年级的学生都能做到，那么我们其他人有什么借口不能做到呢？

1. 寻找版权。

2. 从多个来源进行验证。

3. 评估来源的可信度（例如，它成立多久了？）。

4. 查找发布日期。

5. 评估作者在该主题上的专业度。

6. 问自己：这与我先前所知相符吗？

7. 问自己：这看起来符合现实吗？

贝德利这套技巧唯一的问题是，现在他的五年级学生热衷于对**他本人**进行事实核查，简直停不下来。

后真相的含义

假新闻问题与后真相现象密切相关。事实上，很多情况下，它们别无二致。但这种看法并不完全正确，因为这就像是说，核武器的存在预示了世界末日的到来。武器的存在本身并不意味着我们一定会愚蠢到去使用它。差别在于我们如何去应对技术带来的挑战。社交媒体在促进后真相方面发挥了重要作用，但它同样也只是一种工具，而并非结果。"当真理还在穿鞋的时候，谎言已经走遍半个世界"，这是一句老生常谈。事实上，这句话关乎未经训练的人类本性，但不是人类克服它的潜能。信息的电子传播可以用来散播谎言，但也可以用来传送真相。如果我们有值

122

得为之奋斗的理想，就让我们为之奋斗吧。如果我们的工具正在被用作武器，让我们将它们收回到自己手中。

第六章
后现代主义是否导致了后真相?

很多左翼思想都是在玩火,这些人甚至不知道火是
烫的。

———乔治·奥威尔

　　一些人提出,后真相的解决方案可以求助于
学者,他们多年来一直在思考证据的标准、批判
性思维、怀疑论、认知偏差等问题。可是,让人
无比尴尬的是:必须要承认,后真相现象最可悲
的根源之一,似乎直接来自高等院校。

　　后现代主义的概念已经存在了一个多世纪,
被应用于艺术、建筑、音乐、文学和其他许多创
造性的工作。然而,其广度和持久性并不能让定
义变得容易。根据哲学家迈克尔·林奇(Michael
Lynch)的说法,"几乎每个人都承认,不可能定义

后现代主义。这并不奇怪，因为这个词的流行很大程度上就是因为它的晦涩难懂"。[1] 接下来，我将勉力为之。

当一个人谈到过去三十年的后现代主义时，他可能是在谈论一场运动，这场运动起源于 20 世纪 80 年代许多高等院校的文学批评，是由让-弗朗索瓦·利奥塔 (Jean-François Lyotard) 1979 年出版的颇具影响力的著作《后现代状况：关于知识的报告》(*The Postmodern Condition: A Report on Knowledge*) 所引领的。20 世纪的许多其他思想家——包括马丁·海德格尔 (Martin Heidegger)、米歇尔·福柯 (Michel Foucault) 和雅克·德里达 (Jacques Derrida)——他们的后现代主义思想源远流长，这也很重要，但我在这里只能勾勒出若干基本要点。一是德里达的"解构主义"文学理论，认为我们无法确定作者本人真的明白自己在文本中要表达的"意思"，因此必须根据背后的政治、社会、历史和文化假设对其进行解构并检验。这一充满活力的观点在 20 世纪 80 和 20 世纪 90 年代的北美和欧洲人文学界风靡一时，因为人文学者得以质疑几乎一切他们所知道的文学经典。

这一观点很快被社会学家及其他人所接受，他们认为其不仅适用于文学文本，而且应该适用于更广泛的领域，因为从某种意义上说，**一切**都可以被视为"文本"。战争、

125

宗教、经济关系、性——事实上，几乎所有的人类行为都被赋予了意义，参与其中的行为人可能理解，也可能不理解。突然间，人们开始质疑文本(无论是书面还是行为)的"意义"解读，它未必有一个正确或错误的答案。事实上，真相概念本身现在也正受到审视，因为人们必须认识到，在解构行为中，批评家也会将自己的价值观、历史和假设带到阐释之中。这意味着任何解构都可能得出**很多**而不仅仅是一个答案。后现代主义方法质疑一切，很少从表面上看问题。没有正确的答案，只有叙事。

亚历克西斯·帕帕佐格鲁(Alexis Papazoglou)在评论弗里德里希·尼采(Friedrich Nietzsche)(作为后现代主义的先驱之一，他在后现代主义出现的一百年前就创造了自己的哲学思想)的哲学思想时，用以下方式描述了这种有关真相概念的激进怀疑论：

> 一旦我们意识到"绝对的、客观的真相"这一观念只是一个哲学骗局，唯一的选择就是一种叫作"透视主义"(perspectivism)的立场——即没有"世界是什么"的客观判断，只有"世界像什么"的观点。[2]

这点可以看作是后现代主义的第一个论点：客观真相是不存在的。不过，如果确实如此，那么，若有人此时告诉我们某事是真的，我们该做出何种反应呢？

在此得出后现代主义的第二个论点：任何宣称的真相都不过是其制造者政治意识形态的反映。米歇尔·福柯的观点是：我们的社会生活是由语言来定义的，但语言本身却充满了权力和控制的关系。[3] 这意味着，从根本上说，所有的知识主张实际上只是一种维护权威的方式，它们是权势者用来迫使弱者接受其意识形态观点的欺凌策略。既然根本不存在"真相"，任何声称"知道"某件事的人实际上只是想压迫我们，而不是教育我们。拥有权力可以使人控制真相，而不是被真相左右。如果存在很多观点，而我们坚持只接受其中某一种观点，那就是法西斯主义的一种形式。

有些人会抱怨说，刚才给出的描述不够详尽或细致，对后现代主义不甚公平。其他人可能会反对我关于"后现代主义思想根本就是后真相的先驱"这一论点。我确信，对后现代主义文本的进一步研究将有助于削弱这种主张，使人们不再认为后现代主义思想将会助长右翼意识形态。但我同样确定的是，正因为后现代主义者退回至学术圈内探讨其思想的微妙之处，并在发现这套思想被滥用于其他领域时感到震惊，才会促成如今这种局面。

诚然，借用后现代主义思想的右翼人士似乎对其细微差别并不感兴趣。如果他们需要工具，他们会使用一把切骨刀作为锤子。事实上，30 年前，保守派人士同样对后现代主义思想的微妙之处不感兴趣，他们攻击后现代主义思想是左翼堕落的标志！有人可能会在这里停顿一下，思考其讽刺之处：在短短几十年里，右翼已经从批判后现代主义——比如琳恩·切尼(Lynne Cheney) 的《说出真相》(*Telling the Truth*)——演变到如今的局面。[4] 这并不是说，在后现代主义思想被滥用这一点上，后现代主义者要负全部的责任，虽然他们由于削弱了事实在评估现实中具有重要作用这一观念，并且未能预见这可能造成的损害，从而必须承担一定的责任。

关于真相和客观性的概念——事实上，哲学史在很大程度上与这些争辩有关——当然可以提出合理的问题。但是，完全拒绝且并不尊重真相和客观性还是太过分了。[5] 如果后现代主义者已经满足于仅仅解释文学文本乃至我们文化行为背后的符号，事情可能已经风平浪静了。但他们并未止步于此，而是瞄上了自然科学。

科学战争

正如人们所料，物理学家、化学家、生物学家，以及他们的科学家(使用实验证据检验其理论，并以此认为自己在寻找关于现实的真相)同行们遭遇"社会建构主义者"(他们声称所有的现实——包括关于现实的科学理论——都是社会创造的，而且不存在所谓客观真相这种东西)时，发生了一场大碰撞。科学社会学的"强纲领"(strong programme)*与大学英语专业的文学批评和文化研究并不完全相同，但他们都认为，真相是一种视角，所有知识都是社会建构的。通过这种方式，社会建构主义运动与后现代主义攀上了关系，他们要为科学做一些同行们对文学曾经做过的事：动摇存在单一特权视角的主张。

科学社会学——科学的社会建构思想就是从中产生的——其领域的扩展基于一个有趣的想法：如果科学家说他们在研究自然，那么谁在研究科学家呢？如果科学家们声称他们的理论是"真实的"，那么当科学家们在实验室工

---

* "强纲领"出自科学知识社会学(SSK)爱丁堡学派首席理论家大卫·布鲁尔(David Bloor)的《知识和社会意象》，是一种研究知识的社会成因的社会学形而上学理论，该理论认为，所有知识都包含着某种社会维度，而且这种维度是永远无法消除或超越的。强纲领的基本内容即四条原则：因果性、公正性、对称性和反身性。

作时，难道没觉得最好有人去看看这些理论是如何产生的吗？一夜之间，"科学学"领域诞生了。科学社会学的"强纲领"观念使之进一步提出了"弱"假设（"weak" hypothesis），即失败的理论可能来自于科学过程中的某种失误，也可能是由于科学家自身的意识形态偏见，使得他们无法严格依靠证据说话。"强纲领"则是：**所有**理论——无论真假——都应该被视为意识形态的产物。如果一个人不相信真相的存在，那么科学家为什么偏袒某些理论而不是别的理论？这是一个悬而未决的问题，说这种偏袒来自证据并不足以令人满意。[6]

一些人声称，科学实际上是自称经验问题专家的科学家的个人权势扩张。他们不是在发现自然的真相，而是基于政治信念在推进他们自己的权力和剥削进程。[7] 其他人指出，科学研究的措辞就存在无可救药的性别歧视，揭示了其剥削的本质。这是从大自然母亲那里"窥探秘密"，迫使她接受他们的检查。[8] 一位学者甚至声称牛顿的《自然哲学的数学原理》(*Principia Mathematica*) 就是一本"强奸手册"。[9]

随后，科学家们进行了反击。

1994年，保罗·格罗斯(Paul Gross)（一位生物学家）和诺曼·莱维特(Norman Levitt)(一位数学家)出版了《高级迷信：学术左派及其关于科学的争论》(*Higher Superstition: The Academic Left and Its Quarrels with Science*)。这是一场论战，也是对战斗的召唤。科学家们声称后现代主义是胡说八道；而人文学者却在实践后现代主义，他们对科学的真正产生机制几乎一无所知。更糟糕的是，这些批评者忽略了科学真正的意义：关注事实而不是价值观。在任何一场战争中，双方行事都秉持道德完美的情况很少发生。格罗斯和莱维特的论题缺乏哲学上的精微分析，这让我感到悲哀，因为我认为他们有时会忽视一些对科学的合理批评。[10]然而，在战争中，人们一场接一场地进行战斗，对随之而来的其他"附带伤害"担惊受怕。而下一场战斗更是非比寻常。

索卡尔骗局

有时，最有效的批评形式就是模仿。受《高级迷信》的启发，物理学家艾伦·索卡尔(Alan Sokal)在 1996 年发表了一篇吹捧后现代主义的陈词滥调和关于量子力学的耸人听闻的文章，标题为《超越边界：迈向量子引力的变革性诠释学》("Transgressing the Boundaries: Towards a Transformative Hermeneutics of Quantum Gravity")。他并没有在任何其他地方发表，而是寄给了后现代主义主流期刊之一《社会文本》(*Social Text*)。《社会文本》会如何接收这篇文章呢？索卡尔的想法是，如果他在格罗斯和莱维特的书中读到的是真的，他就可以发表一篇毫无意义的论文，只要它"(1)听起来不错，(2)迎合编辑们先入为主的意识形态"，而这的确奏效了。当时的《社会文本》并没有实行"同行评议"制度，因此编辑们从未将论文发给任何一位能立即发现此文夸大其词的科学家。他们在接下来的一期中发表了这篇文章，讽刺的是，该期主题为"科学战争"。[11]

索卡尔是这样描述其论文的：

> 这是德里达和广义相对论、拉康和拓扑学、伊里伽莱和量子力学的拼凑——通过对"非线性""通量"和"相互联通性"的模糊引用结合成的一个大杂烩。最后，我(再次毫无根据地)忽然断言"后现代科学"已经抛弃了客观现实的概念。整篇文章毫无逻辑，人们只能找到权威的引用、文字游戏、牵强附会的类比和空洞的断言。[12]

索卡尔接着指出（似乎这一点容易被忽略），他所炮制的东西是完全荒谬的。

> 在第二段中，我在没有任何证据或论据的情况下宣称，"物理'现实'……归根结底是一种社会和语言结构"。请注意，不是我们关于物理现实的理论，而是现实本身。公平起见：任何相信物理定律仅仅是社会习俗的人，都会被邀请来我公寓的窗户上试一试违反这些"习俗"。（我住在二十一楼。）[13]

他接着说，虽然他的方法是讽刺性的，但他的动机是严肃的。索卡尔感到愤怒，不仅针对格罗斯和莱维特在书中所提到的"玩概念"，而且这种做法在政治上是不负责任的，因为它抹黑了自由主义。[14] 他指出，几个世纪以来，自由主义者一直站在科学和理性一边，反对神秘化和故弄玄虚。而如今，他感到学术人文主义者通过攻击循证思维的根源，正在破坏他们自己为了让世界善待穷人和受剥削者所付出的政治努力。

> 将"现实的社会建构"理论化无助于我们找到有

效的艾滋病治疗方法或制定预防全球变暖的战略。如果我们拒绝真理和谬误的观念，我们也无法驳斥历史学、社会学、经济学和政治学中的错误观念。[15]

索卡尔骗局的揭露引发了巨大震动。有人指责《社会文本》的编辑们毫无诚信，这无疑刺痛了他们。许多人将此视为后现代主义思想不严肃、在智识上破产的证据。而后，科学家们便回到了实验室。

但后来发生了一件有趣的事情，因为观念一旦出现，你就无法撤回它了。尽管这对后现代主义者来说是一个尴尬的时刻，但也广泛宣传了后现代主义观念，这让其他未曾关注这套思想体系的人也得以了解这些观念。其中一些窥视者就是右翼人士。

右翼后现代主义

"科学战争"的溃败引出一个问题：**任何**想攻击科学的人都能利用后现代主义吗？这些技巧是否只适用于自由主义者（正是他们组成了全世界大多数文学批评和文化研究院系），还是也适用于其他人？接下来发生的事情回答了这个问题，一些对某些科学主张（如进化论）不满的右翼思想家在后现代主义中发现了可用以破坏科学理论优越观念所需要的工具。这自然引出了进一步的问题，即现在是否存在"右翼后现代主义"，它利用对真相、客观性和权力的怀疑来断言**所有**真理主张都是政治化的。如果左翼发明的手段被右翼用来攻击科学，并攻击所有循证推理，那当然是具有讽刺意味的。但如果真是如此，它将大大有助于确立后真相的另一个根源。

朱迪思·沃纳（Judith Warner）在其 2011 年的文章《没有事实依据的科学》（"Fact Free Science"）中宣称，后现代主义助长并教唆右翼科学否定论。[16] 沃纳在此文中说："质疑公认的事实，揭示既有确定性背后的神话和政治，是一种直接出自左翼剧本的策略。"但是，正如质疑全球变暖背后的科学"现在已经是共和党人的必修实践课，他们急于在大胆的保守派基础上发挥作用……政治时代精神（已经）发生了转变"。她总结说："攻击科学成了激进右翼的运动。"他们利用后现代主义的证据在哪里？沃纳引用了一些后现代主义者引人侧目的话，听起来他们对自己为保守派提供政治掩护感到担忧。

这不足以说服科学作者克里斯·穆尼（Chris Mooney），他似乎对左翼后现代主义可以用来支持右翼科学否定论的观点感到恼火。穆尼写道，沃纳的分析"完全不对，让人不知道从哪开始说起"：

> 首先，保守派会受到左翼学术界的晦涩论辩和文字游戏的强烈影响这个观点毫无意义。我们难道不记得，从 20 世纪 70 年代开始，保守派建立了一支意识形态智库阵营——其中包括许多时至今日仍在争辩气候变化的智库——以便在学术界之外建立自己的"专业知识"的传声筒？对他们来说，90 年代的后现代主义将是学术软弱无用的典型例子。但这甚至不是反对沃纳思路的最大依据。最大的反证其实是这样的：气候变化否定论者无论是看起来，还是行动上，或者是听起来，在任何意义上都不是后现代主义者。[17]

接下来，他推测——在没有太多证据的情况下——大多数科学否定论者实际上相信真相，然后他开始嘲讽：

> 科学是"真相"的化身，这个观点是气候否定论者**欣然同意**的。他们认为，在客观上，自己是对的，关于全球变暖的科学共识是错误的。他们并没有质疑科学

是获得真相的最佳途径。但是他们在那里谈论着，就**好像他们的科学家才知道真相一样**。你能想象(美国参议员)詹姆斯·英霍夫引用德里达或福柯的话吗？想想就很滑稽。[18]

136

我对这类论调下意识的反应是，认为它们"五年前就已如此"。自 2011 年以来，情况发生了变化，但我认为也有证据表明沃纳当时就是对的，穆尼只是误解了。

正如我们先前在第二章对科学否定论的探索中所看到的，特朗普的手下或支持者一定是阅读了后现代主义文学才会受其影响，这种观点与怀疑的"制造"过程相违背。大量初期工作由意识形态智库完成，就这点而言穆尼是正确的。当它传到政府官员和说客那里时，它成了一系列的谈话要点。但同样必须认识到的是，在一场科学否定论的战斗中发明的战术往往会被用于下一场战斗。我们已经从奥利斯克斯与康韦那里看到，香烟和癌症之间的小冲突一直持续，直至成为僵局而最终"获胜"，之后很长一段时间，"烟草战略"仍然被成功采用。"与科学作斗争"和声称"真相不确定"这些观念，也被用于对抗酸雨、臭氧空洞和其他许多类似议题。人们也需要记住它们的历史顺序。气候变化之前的论战是什么呢？是进化论之争。全球变暖怀疑论者正是从中获得了有力武器。

后现代主义思想无疑对这场论辩产生了重要影响，因为神创论演变为"智能设计"(Intelligent Design, ID)，并导致了一系列论辩，进而在公立学校的生物课上讲授关于智能设计理论与进化论之间的论战。我们是如何得知这些的呢？这是智能设计理论的创始人之一菲利普·约翰逊(Phillip Johnson)亲口所言的，他也曾协助创建了穆尼榻到的智库。

在一篇开创性的学术文章中，科学哲学家罗伯特·彭诺克(Robert Pennock)有力地指出："后现代主义的深层线索……贯穿于智能设计创世论运动的论点中，这在其主要领导人的著作和访谈中得到了证实。"[19]事实上，他挑衅性地宣称"智能设计创世论是基督教原教旨主义和后现代主义的私生子"。他是通过记录"智能设计运动教父"约翰逊的言论得出的结论。

彭诺克讲述了一个有趣的故事，一个关于发现研究所(Discovery Institute)在华盛顿州西雅图成立并受惠于"有钱的右翼政治支持者"的故事。他声称，直到今天，"发现研究所仍在鞭打后现代主义这匹马"。这匹马是什么时候

137

第六章　后现代主义是否导致了后真相？　　143

诞生的？他声称这几乎就靠约翰逊的一己之力。在约翰逊的作品中，人们不需要多敏锐就能发现后现代主义的影响。他坦然承认了这一点。彭诺克通过审视约翰逊出版的作品以及采访，发现了一些似乎无可辩驳的说法：

> 从基督教的视角来看，最大的问题是：整个进化论之争，传统上而言被表述为《圣经》与科学之间的对抗，而后，问题却变成了怎样去捍卫《圣经》……现在，这一进路的问题在于：我们的文化将科学视为一种调查事实的客观程序，那么，如果你争论有关圣经与科学的问题，人们就会认为你是在为盲目的信仰辩护，反对客观判定的知识或实验。[20]

> 一直以来，我的计划是消解那些哲学障碍……我正在将哲学体系相对化。[21]

> 我告诉他们，我和他们一样是后现代主义者和解构主义者，但目标略有不同。[22]

在另一次采访中，约翰逊自觉地求助于科学知识社会学的"强纲领"，正如彭诺克所指出的："它与后现代主义不一样，但在观念上确实有着密切的联系。"约翰逊明确表示，他不仅读过这篇文献，还想用它来捍卫智能设计理论，反对进化论的"客观"主张。他说："奇怪的是，知识社会学的方法还没有应用到达尔文主义中，而这就是我在著作中所做的。"[23]

彭诺克的文章还提到，约翰逊在其他许多场合中表示，他希望用后现代主义的方法削弱自然选择理论在知识上的公认权威，并使智能设计理论成为替代方案。彭诺克解释了这套策略的要点：

> 不要认为科学与现实有任何关系，进化只是一个富有想象力的故事。只是碰巧由科学部落说出的故事。按照激进的后现代主义观点，即使是关于经验事实的问题，相比世界上任何其他观点，科学也没有特权；每个部落都可以把自己的故事作为其不同信念的起点。智能设计创世论者同样有理由将神创论和神的意志作为他们的出发点。[24]

后现代主义思想对智能设计理论产生的影响已非常明

即使右翼政客和其他科学否定论者没有阅读德里达和福柯的著作，他们也会萌生这一思想。

确。同样毋庸置疑的是，智能设计理论为气候变化否定论者提供了蓝图，告诉他们如何再战：攻击现有的科学，识别并资助自己的专家，推动某问题"有争议"的观念，通过媒体和游说推出自己的阵营，并观察公众的反应。[25] 即使右翼政客和其他科学否定论者没有阅读德里达和福柯的著作，他们也会萌生这一思想：科学并没有垄断真相。因此，以下观念也是合理的：认为右翼分子正在使用后现代主义的若干论点和技巧，以此攻击与其保守意识形态相冲突的种种科学真相。

有证据证明这一点吗？在此，我们应该转向后现代主义者自己的一些"瑕疵"，他们对自己的某些思想已经被用于右翼目的感到震惊。[26] 社会建构主义创始人之一布鲁诺·拉图尔（Bruno Latour）在 2004 年的一篇文章《为什么批评丧失了力量？》（"Why Has Critique Run Out of Steam?"）中提到他看到《纽约时报》一篇社论时的担忧：

> 大多数科学家认为，(全球)变暖主要是由需要严格监管的人为污染物造成的。伦茨先生（Mr. Luntz）（共和党战略家）似乎也承认了这一点，他说："这个科学辩论对我们不利。"然而，他的意见却在强调，证

据并不完整。他写道:"如果公众开始相信科学界对此已毫无争议,那么他们对全球变暖的看法将相应改变。因此,你需要继续把缺乏科学确定性作为首要议题。"[27]

　拉图尔对此的反应与一名得知自己的某件武器被用来杀害了一名无辜者的军火商的反应并无不同:

> 你明白我为什么担心吗? 我自己过去也花了一些时间,试图证明事实建构中固有的"科学确定性的缺乏"。我也将之作为一个"首要议题"。但我并没有想要故意混淆公认观点的确定性来欺骗公众——我这样做了吗? 为何我被指控犯下了这一罪行? 尽管如此,我还是愿意相信:恰恰相反,自然化和客观化的事实还并不成熟,我的意图只是要将公众从这种不成熟的事实中解放出来,让他们不再受貌似客观的科学真相的欺骗。是我愚蠢地做错了吗? 形势这么快就变了吗? [28]

更糟糕的是,这座武器工厂仍在营业。

整个博士课程仍在进行，以确保美国优秀的孩子们学到建构事实的艰难方法，让他们知道，不存在自然的、未经调整的、无偏见的真相寻求途径；我们永远是语言的囚徒；我们总是站在特定的立场说话，等等；而与此同时，危险的极端分子正利用同样的社会建构论点摧毁来之不易的可以挽救人类生命的证据。参与创建被称为科学研究的这一领域有错吗？吐槽我们所说的并非真心话就够了吗？"不管你喜不喜欢，全球变暖是一个事实"，为什么我就是说不出口呢？"争论已经永远结束了"，为什么我不能简单地说出来呢？[29]

没有比这更能表达对学术界的遗憾了。拉图尔并不是唯一注意到右翼科学否定论策略留有后患的后现代主义者。人文主义者和文学评论家迈克尔·贝鲁比（Michael Berube）在 2011 年写道：

现在，气候变化否定论者和年轻地球创造论者（the young-Earth creationists）正在追打自然科学家，正如我预测的那样——他们使用的正是一些左派学者提出的论点，并认定只与志同道合的人交流。一些标准的左派观点，加上左派民粹主义者对"专家""专业人士"以及各种自视甚高的权威者的不信任，被右翼打造成了一种剥夺科学研究合法性的强大工具。[30]

事实上，贝鲁比深感羞愧，他在文章结束时用商榷的语气写道：

144

　　如果我承认你是对的，科学研究确有出现可怕错误的潜在可能，并且会助长无知和/或反动，那么你也要承认，我对文化战争的看法是正确的，自然科学不会因为右翼的随时骚扰而不受到丝毫伤害。如果你能更进一步，承认对现存的科学进行一些谨慎、内行的批评是有价值的（比如批评妊娠和分娩在战后的医疗化有不良影响），我也会更进一步承认，许多人文主义者对科学和理性的批判既不谨慎，也不内行。然后，也许我们可以着手研究如何开发安全、可持续的能源和其他社会实践项目，使地球保持宜居状态。[31]

那些担心后真相将会师从后现代主义的人，完全忽视了左翼的这种自我反省，然而，从科学否定论到全盘否定论的路线本身似乎是不可否定的。后现代主义在后真相政治中的运用会是什么样子？它看起来很像我们现在居住的这个世界：

> 如果真的没有事实，只有解读；而且，如果数百万美国人准备不假思索地接受你的观点，那么，为什么还要坚持将事实与虚构区分开的僵化路线呢？如果你把一段时间的寒冷天气解释为气候变化并未发生的证据，而且有数百万人同意你的观点，那么气候变化就是一场骗局。如果你的主观经验认为在就职典礼上有创纪录的出席人数，那么就是有创纪录的出席人数——证明并非如此的航拍照片只是在展示另外一种观点。[32]

人们在此几乎同样可以听到凯莉安妮·康韦为肖恩·斯派塞使用"另类事实"进行的辩护。

后现代主义最初的政治动机是保护穷人和弱势群体免受当权者剥削，如今这一动机已不复存在。现在，受气候

左翼要如何在不使用事实的前提下反击右翼
意识形态？这似乎就是不计后果玩概念的代价。

变化影响最大的就是穷人和弱势群体。索卡尔的预测即将实现，因为，左翼要如何在不使用事实的前提下反击右翼意识形态？这似乎就是不计后果玩概念的代价。在学术界攻击真相算是恶作剧，但是当攻击策略落到科学否定论者、阴谋论者或是坚持自己的直觉比任何证据都厉害的神经质政客手中时，会发生什么呢？[33]

所以情况究竟怎样呢？左派是否相信真相？也许对一147些人来说，可能会出现效忠上的分裂状态，因为他们现在就发现自己处于一种尴尬境地：要么给敌人提供帮助和安慰，要么捍卫存在真理这个观念。然而，问题依然存在：我们如何能确定，是后现代主义推动了右翼从否定科学跃至成熟、扭曲现实的怀疑主义，也就是后真相？自从特朗普上台以来，这个问题已经显而易见。[34]人们在主流媒体上找到了一些严肃探讨该问题的文章，[35]但有些文章似乎仍然坚持这样一种观念：除非你看到凯莉安妮·康韦在读德里达的书，否则一切仍然只是猜测。[36]有些人还声称，将后现代主义和后真相视为因果关系是荒谬的，因为后真相的存在时间比人们想象的要久远得多；但即使后现代主义并不是后真相的起因，它事实上也提供了很多词语，非常有助于我们讨论后真相。[37]

然而，有一位哲学家似乎完全愿意将两者联系起来。在 2017 年 2 月 12 日接受《卫报》采访时，丹尼尔·丹尼特（Daniel Dennett）将后真相的责任径直推到后现代主义面前：

　　　　哲学在处理这个问题（事实和真相的问题）的方式上并没有给自己披上荣耀的外衣。也许人们现在开始意识到哲学家没那么无辜。有时候，观念会导致可怕的后果，这可能成为现实。我认为后现代主义者的所作所为确实是邪恶的。他们要为知识分子的风气负责，这种风气之下，对真相和事实持有怀疑态度反而得到了尊重。你会听到周围的人说："好吧，你还是属于仍然相信事实的人。"[38]

　　还有比这更直接的证据吗？有类似罗杰·彭诺克所呈现的智能设计理论根源于后现代主义这样的例子吗？事实上，确实有。

为特朗普拉票

　　如果不承认另类媒体的重要性，就无法理解后真相

(或特朗普)的崛起。如果没有布莱巴特新闻网信息战网以及所有其他另类右翼媒体渠道，特朗普很可能无法向最愿意相信他的人说出他的话。这里的重点是——正如我们在第五章中看到的——现在的新闻已经碎片化了。人们不再局限于只从一个或几个来源了解"真相"。事实上，他们也不仅仅局限于从"媒体"那里获取信息。特朗普在选举期间的大量支持来自另类右翼博客。其中最有影响力的是迈克·塞诺维奇(Mike Cernovich)。

迈克·塞诺维奇是一位亲特朗普的"美国民族主义者"，也是个爱好阴谋论的博主，拥有 25 万推特粉丝。[39]但他不仅仅是一位博主。基于他对 2016 年总统大选的影响深度，《纽约客》和《华盛顿邮报》对他进行了专题报道，他还接受了哥伦比亚广播公司主持人斯科特·佩利(Scott Pelley)的采访。一些人认为塞诺维奇在源源不断地提供"假新闻"，因此对他不屑一顾。[40]他就是推送推特热门话题 #HillarysHealth (希拉里的健康)说她快要死了的人。[41]还记得"比萨门"的故事吗？故事中比尔和希拉里·克林顿在华盛顿一家比萨店掌管着一个儿童性奴隶团伙，有人差点被枪杀。塞诺维奇就是这一谣言的散布者之一。[42]他还指责克林顿竞选班子参与了邪恶的性崇拜仪式。[43]在接受

《纽约客》采访时，塞诺维奇谈到了其他一些有争议的想法，比如约会强奸并不存在，他的第一次婚姻就是被"女权主义教条"毁掉的。[44]

他也受到了特朗普政府的青睐。2017 年 4 月，小唐纳德·特朗普（Donald Trump Jr.）在推特上祝贺迈克·塞诺维奇，称其应该"获得普利策奖"，因为他揭露了苏珊·赖斯（Susan Rice）下令监听特朗普竞选官员的事。当凯莉安妮·康韦得知塞诺维奇即将接受斯科特·佩利的采访时，她告诉她的推特粉丝去观看采访或阅览整个记录，并将他们引导至塞诺维奇的网站。塞诺维奇的一位批评者说："我认为康韦和小特朗普试图炒作塞诺维奇关于特朗普白宫团队的言论，而且如果有助于分散一些对他们的不利影响，他们就会去借助阴谋论者的力量。"[45]

塞诺维奇显然有很大的影响力。那么，关于后现代主义的问题呢？在《纽约客》的文章中便可初见端倪：

> 权且假设：沃尔特·克朗凯特在所有事情上都撒谎了。在有推特之前，你怎么能知道？听着，我在大学里读过后现代主义理论。如果一切都是叙事，那么我们需要主流叙事之外的替代选择。我看起来不像一

个读拉康的人，难道不是吗？[46]

塞诺维奇看起来像个勒德分子(luddite)*，但实际上他受过良好的教育。他拥有佩珀代因大学(Pepperdine)的法学学位，而且在大学里他似乎一直很专心念书。他提出了一个常见的观点：如果没有真相，一切都只是观点，我们怎么能真正知晓任何事情？为什么不去怀疑主流新闻或接受阴谋论？确实，如果新闻只是政治性的表达，为什么不索性编造呢？谁的事实应该占主导地位？谁的观点才是正确的？

由此可见，后现代主义是后真相的教父。

---

* 勒德分子是 19 世纪英国工业革命时期因为机器代替了人力而失业的技术工人。现在引申为持有反机械化、反自动化观点的人。

第七章
抗击后真相

我们现在已经陷入深渊，重述显而易见的事实成为聪明人的第一要务。

——乔治·奥威尔

2017年4月3日，《时代》发行了一期杂志，封面故事题为"真相已死？"。这是一个引人注目的封面设计，让人想起他们在1960年代动荡时期提出的关于"上帝已死？"的问题。1966年4月，肯尼迪总统遇刺，美国在越南战争的投入急剧扩大，国内犯罪率上升，美国人开始对社会制度失去信心。那曾是一个全体人民反思国家前进道路的时刻，而最近这次《时代》杂志宣布全国进入反思时刻的原因，则是特朗普总统本人。

在开篇文章中，"面对一位将真相视为儿戏的总统"，编辑南希·吉布斯(Nancy Gibbs)提出了一些我们关于真相信念的重大问题。其措辞激烈，但随之而来的观察更是令人震惊：

> 对唐纳德·特朗普来说，无耻不仅仅是一种力量，更是一种策略……无论是他的就职典礼的人群规模、选民欺诈、北约资助，还是他被窃听的传闻，特朗普说了许多可被证伪的事情。但指控特朗普是连环骗子，可能会忽略一个更令人不安的问题：他到底相信什么？如果他真的相信自己所说的话，那还算是撒谎吗？……谎言、偏向性陈述和妄想之间的界限在哪里？或者，就如他的顾问凯莉安妮·康韦一针见血地提出的另类事实，它与事实之间的界限在哪里？他想让观众得出的结论与手头证据能证明的结论之间的界限又在哪里？[1]

请注意，70%的特朗普竞选声明被"政治真相网"判定为不真实，近三分之二的选民在竞选期间表示特朗普不值得信任，**但他还是赢得了大选**。人们不禁怀疑，是否任何一个人的行动都已经远远赶不上真相被威胁的速度。[2] 如果真是这样，《时代》杂志封面上的问题就不是夸大其词，而是贴切得令人恐惧：真相**已死**？

在本书中，我们基于如下假设探讨后真相的根源：除非一个人了解问题的起因，否则他无法真正提出解决办法。那么，现在是时候叩问答案了：面对后真相，有什么能做的吗？2008年，法哈德·曼乔（Farhad Manjoo）出版了一本书（撰写于2006年），书名为《千真万确：学会在后事实时代生活》(*True Enough: Learning to Live in a Post-Fact Society*)。[3] 有人超越时代走在了前面，或多或少已经看到国家政治层面将要发生的变化，这多少令人惊讶。[4] 曼乔的书是在智能手机发明之前写的。巴拉克·奥巴马甚至还没有崭露头角成为闪耀的全国新星。事实上，曼乔探索的一个突出例子是"快艇老兵寻求真相"运动（the "Swift Boat Veterans for Truth" campaign），这场运动旨在对抗2004年与小布什同时竞选总统的约翰·克里（John Kerry）。在这场运动中，他们操纵认知偏差，在主流媒体上呈现"反叙事"，以此登上国家舞台，成为焦点。事后看来，不难把这些操作与后来在2016年发生的事情联系起来，但曼乔预见到了媒体碎片化、信息偏差、客观性下降，以及它们对于了解真相甚至真相观念本身产生的威胁。

他提供了什么帮助我们对抗后真相的办法吗？不幸的是，办法不多。尽管书的后半部分有一章专门的讨论，题为《在一个没有信任的世界里生活》，但曼乔除了说我们应该"明智地选择"将要相信的事情之外，并没有提供太多实际建议。既要有远见，还要向我们提供工具，以对抗即将到来的局面，这样的要求或许太高了（如果我们听他的，或许就不至于沦落至此）。在本章，我将试着推进。如今已不需要再去看未来会发生什么；因为我们正在经历它。我们现在或许能更好地理解后真相为何会发生，但理解了后真相发生的原因之后，怎样去应对呢？正如曼乔的副标题所问：我们能学会在一个忽视事实的社会中生活吗？

我个人压根儿就不想生活在其中。对我来说，问题不是学会如何适应生活在一个事实无关紧要的世界里，而是要捍卫真相的观念，并学会如何抵抗后真相。事实上，这是我们应该接受的第一个实际建议，这是约翰·克里在"快艇老兵寻求真相"运动中不得不学到的残酷教训，当时一些右翼老兵编造故事试图破坏克里的辉煌战绩。其实这些人中只有一位快艇老兵乔治·艾略特（George Elliot）曾在越南与克里一起服役，在第一则"快艇老兵寻求真相"组织发布的广告出现在电视上后不久，他就公开否认了克里在战争时期的怯懦行为。但为时已晚。来自得克萨斯州的百万富翁和其他同情老兵运动的人源源不断地注入资金。艾略特的坦陈无人理会，因为当时有一则假新闻报道称：发表艾略特澄清言论的《波士顿环球报》记者已被委托为克里-爱德华兹阵营的竞选手册(the Kerry-Edwards campaign book)撰写前言。那是个谎言，但已经无关紧要了。那伙人已经选定了他们的立场。然而彼时克里犯了一个致命的错误，在那些快艇老兵通过全国各电视台对他重拳出击的整整两周里，他本可以有所回应，但他选择了任由他们说三道四。他在俄亥俄州以几千票的劣势输掉了选举。克里全然不知，我们正在进入后真相时代。[5]

这里的教训是，人们必须坚持抵制谎言。我们绝不能认为某种说法"太离谱了，让人无法相信"。人们之所以会说谎，是因为他们认为可能会有人相信。我们或许会希望听者有足够的常识来识破谎言，但在一个由党派操纵媒体、信息来源碎片化的时代，动机推理更易发生，我们难以对这一假设再抱有希望。挑战谎言的目的并不是要说服说谎者，说谎者很可能在其黑暗征途中走得太远而难以回归正常。但因为每个谎言都有听众，所以我们可以及时点醒听众，也算是为他们做点好事。如果我们不去对抗说谎在后真相时代，我们必须挑战一切混淆事实的企图，在任由假话发酵之前，就要及时去质疑它们。

者，那些还没有从无知走向"有意无知"的人会不会越陷越深，进一步滑向全盘否定论，那时他们甚至可能就再也不会听取事实或理由？如果没有我们的"反叙事"，他们还有任何理由怀疑说谎者所言吗？至少，**见证**谎言并说出个中真相很重要。在后真相时代，我们必须挑战一切混淆事实的企图，在任由假话发酵之前，就要及时去质疑它们。

尽管另一边的声量可能很大，但掌握事实是强有力的。这就是说，即使在一个党派纷争和"怀疑论"甚嚣尘上的时代，关于现实的真实情况也不会被否定太久。2015年，14个州暴发麻疹后，媒体也就不再讲述疫苗和自闭症"故事的两面性"。一时间，韦克菲尔德骗局 * 的真相成为更好的素材。人们目睹电视主持人对他们早些时候的共谋行为感到焦虑。一夜之间，不再有专家和怀疑论者之间的电视分屏辩论。一旦人们开始受到伤害，作虚假的均衡的报道就不再是一个好主意。

现在，同样的事情会发生在其他话题上吗，比如气候变化？在某种程度上已经出现了。自2014年7月起，英国广播公司决定停止向气候变化否定论者提供同等的播放时

---

* 即疫苗会引发自闭症的科学骗局。详见本书第89页脚注。

间。[6]《赫芬顿邮报》于2012年4月就做出了同样的决定，该报创始人阿里安娜·赫芬顿(Arianna Huffington)表示：

> 在所有的故事中，尤其是有争议的问题上，我们尽力考虑找到各方最有力的论点，力求既细致入微又清晰无误地表达出来。我们的目标不是为了取悦报道的对象，也不是为了制造均衡的表象，而是为了寻求真相。……如果争议事件中的证据天平明显地偏向了某一端，我们在报道中就要承认这一点。我们努力让观众确信各方都得到了公平的考虑和维护。[7]

但这样做有什么帮助吗？如果我们真的生活在后真相时代，媒体政策的改变能起到作用吗？如果我们对气候变化之类的主题的信念早已由自身认知偏差和政治意识形态决定，那我们如何才能超越自己的世界观？首先，我们为什么不直接换个频道呢？即使我们亲耳听到了真相，就一定不会拒绝真相吗？

事实上，我们不会拒绝真相。至少不会一直如此。尽管我们在本书中提到的动机推理、证实性偏差和其他一些影响的力量确实很强大，但请记住：经验证据表明，事实真相的不断重复最终会起作用。回想一下我们在第三章简要讨论过的戴维·雷德劳斯克等人的研究。[8] 他们论文的副标题提出了相关问题："动机推理者能理解真相吗？"他们承认尼汉、雷夫勒等人的研究工作，认为那些受到党派偏见困扰的人有强烈的动机拒绝与他们信念不一致的论据，有时甚至会导致"逆火效应"。但这是否有限制条件？159雷德劳斯克等人在论文中指出：

> 选民似乎不太可能无止境地这样做。这样做意味着，即使面对大量不确定的信息，还继续进行动机推理。在这项研究中，我们考虑，若反复提供与期望不一致的信息，是否可以克服动机推理的过程。一旦如此，就意味着选民必须达到一个临界点，在此之后，他们便开始更准确地进行评估。[9]

这正是人们的发现。雷德劳斯克与同事们发现了实验证据，证明"效应临界点确实存在"，这表明"选民终究还是无法对相左信息的影响无动于衷，即使他们最初可能是一名动机推理者"。[10] 詹姆斯·库克林斯基 (James Kuklinski) 及其同事们在另一项研究中发现，尽管错误信念可能根深蒂固，但当他们反复目睹证据确凿的信息时，就有可能改变其派别倾向。[11] 要用令其感觉不适的事实来说服他们可能并不容易，但显然还是有可能奏效的。

这很合理，不是吗？我们都听说过一些人获得"达尔文奖"* (Darwin Award) 的例子，因为他们否认现实，直至死亡。只是没有预料到，我们会进化到永远抵制真相的程度。最终，真相会影响我们，我们将通过否定自己的意识形态信念，而不是否定事实，来解决认知失调的问题。事实上，已经存在有力证据表明，这不仅会在实验室中出现，同样可以在现实世界中发生。

佛罗里达州的科勒尔盖布尔斯市 (coral gables) 海拔 9 英尺。科学家预测，几十年内它将被淹没在水下。共和党新市长詹姆斯·卡森 (James Cason) 当选后不久，听取了一场关于气候变化及其对佛罗里达南部影响的演讲。他大为吃惊。"你知道，我在各处读过一些文章，但我真的不知道气候变化对我本人现在执政的城市会有多大影响。" [12] 从那时起，卡森想要发出警告，但他运气不太好：

---

* 源于网络，是为"通过愚蠢的方式毁灭了自我，为人类进化 (达尔文理论) 做出深远贡献"的人颁发的奖项。

有人说："我不信。"有人说："好吧，告诉我能做什么，我会听的。"还有人说："我现在发愁其他的事，此事缓缓再说吧。"其他人说："留给我的子孙们去解决吧。"[13]

卡森开始研究法律责任问题。他还在继续敲警钟，希望他全国的共和党同僚们开始认真对待全球变暖问题，以免一切为时过晚。2016年，在一场共和党辩论前夕，卡森161与其共和党同僚、迈阿密市市长托马斯·雷加拉多(Tomas Regaldo)共同在《迈阿密先驱报》(*Miami Herald*)上发表了一篇专栏文章。他们写道：

作为坚定的共和党人，我们和我们的政党一样怀疑政府的过度夸张和不合理的制度。但对于我们和佛罗里达州南部的大多数其他公职人员来说，气候变化不是某个党派的议题。这是一场迫在眉睫的危机，我们必须——且要尽快解决。[14]

如果"幸灾乐祸"这个词那时还不存在，那么此时此刻进步派可能不得不发明出这个词来使用了……但是事实上，我们都在同一条船上——或者很快就会如此——并且我们也不能沉溺于自以为是的感觉。即使你准备否认事实，事实也有自我维护的路径。当自家价值 500 万美元的房屋被洪水淹没或生意受到影响时，人们最终会倾听事实。但这是否意味着在此期间我们只能等待？不。人们可以支持批判性思维和调查性报道。可以大声指认说谎者。即使海平面还没上升，我们也应该想办法用事实"冲击人们的眼球"。

然而，这一策略应谨慎实施。心理学研究表明，当人们感到不安全和受到威胁时，他们就不太想倾听别人的意见。在布伦丹·尼汉和杰森·雷夫勒最近的一项研究中，受试者进行了自我肯定的训练，然后接触新信息。人们曾推测，自我感觉良好的人可能更愿意接受纠正他们错误观念的信息。但研究人员发现两者之间存在弱相关性，而且缺乏一致性；在某些主题上确实如此，其他主题则不尽然。同一研究的另一个发现更强有力些：以图表形式提供的信息比文字描述更具说服力。[15] 那么，我们应该从中学得什么呢？可能有助于你说服被误导者的最好方法，并不是对其大喊大叫，而是默默地递给他或她一张图表？

将事实问题去政治化是很难的，特别是在我们感到

"对方"荒谬或顽固的情形下。但认识到我们自身也存在同样的倾向，或许是有帮助的。这里有一个经验，那就是，反击后真相最重要的方法之一就是与我们的内心斗争。无论我们是自由派还是保守派，我们都容易产生各种认知偏差，从而导致后真相。我们不应该假设，后真相只来自别人，或其后果都是别人的问题造成的。要指出别人不想看到的真相很容易。但我们中有多少人准备以同样的标准审视**自己的**信念，去质疑**自己想要相信**的事情、哪怕内心仅有一个微弱的声音在提醒自己，我们还没有掌握所有的事实？

163

批判性思维的障碍之一是不断地受到证实性偏差的影响。如果你主要通过单个渠道获得信息，或者你发现自己会对来自某个特定渠道的信息产生情感反应，那么或许是时候拓宽你的新闻来源了。还记得"2, 4, 6"实验中的那些人吗？他们从未试图验证自认"已知"的事情。我们绝不应如此行事。这并不是说我们要去收看假新闻。这也不意味着我们有理由在福克斯和美国有线电视新闻网之间获取某种虚假的均衡。但这确实意味着，我们应该学会如何恰当地审视新闻来源，并自问如何"知道"我们听到的东西是假的。是因为它让我们抓狂，还是——像贝德利先生班上无论我们是自由派还是保守派，我们都容易产生各种认知偏差，从而导致后真相。我们不应该假设，后真相只来自别人，或其后果都是别人的问题造成的。

的那些五年级学生一样——我们能采取某种判断标准？尤其当我们听到一些想要相信的事情时，我们必须学会持以更加怀疑的态度。事实上，这是科学教给我们的。

没有所谓的自由派科学或保守派科学。当我们求证一个实证问题时，最重要的是证据。正如参议员丹尼尔·帕特里克·莫伊尼汉（Daniel Patrick Moynihan）很久以前（在另一个话题上）所说："你有权表达自己的观念，但无权捏造事实。"科学的力量在于它包含了一种态度：不断对照经验证据以检验自己的信念，且在得知事实之后改变这些信念。我们能否发誓带一点这种态度去考虑其他的实际问题？如果做不到，日后恐怕还有比后真相更大的危险。

我们正在进入前真相时代吗？

在《华盛顿邮报》最近的一篇文章中，露丝·马卡斯（Ruth Marcus）比以往更忧虑，原因是特朗普接受了《时代》杂志的采访。[16] 在那次采访中，特朗普说了各种各样的话，简直让事实核查人员抓狂。[17]《华盛顿邮报》称其为谎话连篇的"匹诺曹"，《纽约时报》和其他新闻媒体也谴责其不实言论（或谎言）。[18] 但马卡斯担心的是特朗普谎言之外的事情。

在这次采访中，特朗普说："我是一个相信直觉的人，结果证明我的直觉是对的。"他这样说似乎意味着，即使他所说的一些事情毫无根据，它们仍然是真的。他这样说，好像并**不是**想说证据确实存在，而是说他是唯一一看到证据的人。他似乎觉得自己对某事的信念能以某种方式**成**真。特朗普不仅热衷于准确的预测，而且说话时带着一种仿佛有能力改变现实的口吻。正如马卡斯所说："就算他的主张不正确，也不用担心。特朗普总统会找到使其成真的方法，或至少他声称如此。"[19]

比如，在 2017 年 2 月 11 日的一次集会上，特朗普隐晦地提起"看看昨晚瑞典发生了什么"。瑞典人民感到困惑不解。据他们所知，前一天晚上并没有发生什么事情。结果发现，是特朗普引用了一个他在福克斯新闻上看到的关于瑞典移民的报道，并没有什么大事"发生"。两天之后——可能是由于特朗普夸大了这一问题——斯德哥尔摩的一个移民社区爆发了骚乱。在《时代》杂志的采访中，特朗普赞赏自己是对的：

> 瑞典。我已经说了，大家都疯了。第二天他们就发生了大规模的暴乱、死亡事件和各种问题……隔天

瑞典就发生了这场可怕的恐怖暴乱，你们都看到了吧。[20]

这是否意味着特朗普是"对的"？当然不是。骚乱不是在"昨晚"，也不是"大规模"，更没有死亡事件。但在特朗普看来，这证明了他是正确的。

再举一个例子：2017 年 3 月 4 日凌晨，特朗普在总统竞选期间发推特说，奥巴马总统侵入特朗普大楼的"电话线"（指"窃听"）。（同样，这可能是特朗普对福克斯新闻报道做出的反应，但无法拿出任何证据。）根据美国联邦调查局（FBI）、美国国家安全局（NSA）、外国情报监听法（FISA）和其他可靠来源进行的调查，都没有发现任何证据。随后在 3 月 24 日，众议员德文·努内斯（Devin Nunes）（众议院情报委员会共和党主席）举行了一次记者招待会，他在会上说，他刚刚向总统简要介绍了他从一个秘密渠道获悉的一些令人深感不安的事实，这些事实与特朗普被监视有关。后来证明，这些"事实"是特朗普的两名助手前一天晚上提供给努内斯的。随着国会和媒体的施压，最终发现是特朗普的一些助手在俄罗斯官员的例行情报收集行动中遭偶然监视（特朗普的助手们与这些俄罗斯官员的谈话内容

167

尚且未知)。但特朗普认为这是他先前声明的证据。他说，"所以这说明我是对的"，并说他感到自己的话获得了"证实"。尽管当时他不可能知道这一点，而且这类偶然收集到的涉及他助手的电话录音还不能定性为"窃听"——况且根本与奥巴马总统无关——特朗普却赞赏自己的正确。

这到底是怎么回事？

根据马卡斯的说法，"特朗普并不仅仅是拒绝接受现实，实际上他是要使现实服从于自己的意愿"。在另一项《卫报》对特朗普的《时代》采访的分析中，结论更为宽泛：

168

> 用特朗普的话说，真相不是事实……真实的陈述不一定需要提供对全球事件的准确描述。它们仅提供理论上可能发生之事情的某种近似或夸张的状况。瑞典是否曾在总统所说的那晚发生过恐怖袭击，这无关紧要。我们也不应在意暴乱规模是否很大，或有无死亡事件。差不多就行了。

> 用特朗普的话说，信念是真相的信号。如果特朗普的支持者相信他，那么他所说的一定是真的。相反，如果他的诋毁者不相信他，这同样能证明他所说的一定是真的。

最后，特朗普讲话是种交易。它没有赋予真相独立的价值。言论的价值只能根据其效果衡量。如果一个陈述让我更接近目标，那么它有价值；反之，它就一文不值。因此，有价值的陈述因促进了我的利益而正确；如果陈述不能促进我的利益，那就毫无价值，因而是错误的。[21]

有人怀疑这到底是不是后真相、还是其他什么。这仅仅是一种"客观事实对形成（信念）的影响全然不如诉诸情感"的情况吗？还是更接近于错觉？当马卡斯谈到"前真相"时，她指的似乎是这样一种情形：特朗普不仅相信他能在事情发生之前预见一些事，而且相信他的信念能**让**事情发生。[22] 这不是基于任何他能与人分享的证据，而是觉得他能凭直觉控制未来——或者过去。心理学家称之为"奇幻思维"（magical thinking）。

这是一件值得担心的事情吗？还是仅仅来自于某些人的期望，他们评价一个信念、一个事件或一条信息的依据就是能否取悦于他？正如特朗普反复在推特上所说的："任何负面民调都是假新闻。"但人们确实担心这一点，因为这要么意味着操控民众使其拒绝现实的强烈企图，要么就是与现实本身的决裂。

我不会自以为是地认为我能预见未来。但当我们脱离真相时，我们就脱离了现实。正如佛罗里达州科勒尔盖布尔斯市的例子那样，无论其居民是否相信，水位将会继续上升直至淹没房屋，后真相的后果将会慢慢影响所有人，除非我们准备击退它们。我们也许能在一段时间内哄骗别人（或自己），然后侥幸逃脱，但最终我们会为"我们可以创造自己的现实"这种想法而付出代价。

170 1986年1月28日，"挑战者号"（*Challenger*）航天飞机从佛罗里达州卡纳维拉尔角（Cape Canaveral）起飞仅73秒就解体，全体机组人员遇难。用于制造航天飞机的科学是严谨的，而这也不是它的第一次飞行任务。灾难发生后，里根总统任命了一个由著名科学家和宇航员组成的特别委员会，调查事故起因。虽然工程设计是合理的，但经调查得知，先前就存在一些隐忧，航天飞机上的橡胶 O 形环的耐寒能力不足将导致其弯曲变形，因此不允许航天飞机在低于冰点的温度下发射。1 月 28 日那天，佛罗里达州异常寒冷。为什么航天飞机还是按原计划发射了呢？因为这是一项行政决策，是在一些 NASA（美国航天航空局）工程师的反对下做出的行政决策。

诺贝尔奖获得者、委员会成员、物理学家理查德·费曼（Richard Feynman）戏剧性地展示了 O 形环问题，一次公开听证会上他将其中一个 O 形环浸泡在桌上的一罐冰水中。事实就是事实。再多的偏向性陈述、谎言、胡说八道或愉快的交谈都无法反驳事实。航天飞机坠毁后，再也没有人关心 NASA 官员自认为可以控制现实的本能或直觉。不久之后，费曼发表了一份声明，其中有如下警句："一项技术要获得成功，真相就必须比公共关系更重要，因为大自然容不得欺骗。"[23]

无论我们称之为后真相还是前真相，忽视现实都是危险的。而这一点就是我们在这里谈论的观念。后真相的危险，不仅在于我们允许自己用观念和情感去塑造对事实和真相的认知，还在于这样做会使我们冒着脱离现实本身的风险。

但还有另一种可能的方式。

除非自愿，否则我们不会陷入后真相，正如我们不会陷入前真相。后真相与现实无关，它是关于人类对现实的**反应**。一旦我们意识到了我们的认知偏差，就可以更好地摆脱它们。如果想要更好的新闻媒体，我们就去支持优质媒体。如果有人撒谎，我们可以选择是否相信他或她，并在这个世界上有人试图蒙骗我们，但我们仍可以决定如何应对。真相重要，一如既往。我们能否及时明察真相，也取决于我们自己。

质疑所有假话。在这个世界上有人试图蒙骗我们，但我们仍可以决定如何应对。真相重要，一如既往。我们能否及时明察真相，也取决于我们自己。

词汇表

另类事实　Alternative facts
一种信息，用以挑战与人们所偏好的信念相左的事实创造的叙事。

逆火效应　Backfire effect
一种心理学现象，即当与某人的错误信念相冲突的真实信息呈现时，他们
会更加强烈地坚持错误信念的现象。

认知失调　Cognitive dissonance
一种心理状态，指的是人们同时相信两件相互冲突的事情，这会造成心理
紧张。

证实性偏差　Confirmation bias
更加重视可以证实已有信念的信息的倾向。

邓宁–克鲁格效应　Dunning–Kruger effect
指因缺乏能力导致高估自身实际技能的心理现象。

假新闻　Fake news
为了产生政治影响而故意制造的假信息，看起来很像真实的新闻。

虚假的均衡　False equivalence
表明两种观点存在同等价值，但显然其中一种观点更接近事实。通常用于
规避对党派偏见的指责。

信息孤岛　Information silo

倾向于从能够强化信念的来源寻求信息，并切断那些弱化信念的信息来源。

　动机推理　Motivated reasoning

寻找支持我们愿意相信的信息的倾向。

后现代主义　Postmodernism

与艺术、建筑、音乐和文学运动相关的一系列思想体系，倾向于轻视客观真理和政治中立的评估框架。

后真相　Post-truth

主张感觉比事实更准确，以达成把现实变成政治从属之目的。

主流媒体　Prestige press

美国的"主流"报纸，通常指《纽约时报》《华尔街日报》《华盛顿邮报》和《洛杉矶时报》。

注释

第一章 什么是后真相?

[1]　参见Ashley Parker, "Donald Trump, Slipping in Polls, Warns of 'Stolen Election,' " *New York Times*, Oct. 13, 2016, https://www.nytimes.com/2016/10/14/us/politics/trump-election-rigging.html. 请注意，"后真相"一词甚至早在美国总统选举结果公布之前就被选为年度词汇，以回应6月份英国脱欧投票和7月份特朗普被共和党提名后这一词语使用量激增的情况。Amy B. Want, " 'Post-Truth' named 2016 Word of the Year by Oxford Dictionaries," *Washington Post*, Nov. 16, 2016, https://www.washingtonpost.com/news/the-fix/wp/2016/11/16/post-truth-named-2016-word-of-the-year-by-oxford-dictionaries/?utm_term=.ff63c5e994c2.

[2]　参见Michael D. Shear and Emmarie Huetteman, "Trump Repeats Lie about Popular Vote in Meeting with Lawmakers," *New York Times*, Jan. 23, 2017, https://www.nytimes.com/2017/01/23/us/politics/donald-trump -congress-democrats.html; Andy Greenberg, "A Timeline of Trump's Strange, Contradictory Statements on Russian Hacking," *Wired*, Jan. 4, 2017, https://www.wired.com/2017/01/timeline-trumps-strange-contradictory-statements-russian-hacking/.

[3]　Scottie Nell Hughes on The Diane Rehm Show, *National Public Radio*, Nov. 30, 2016, http://talkingpointsmemo.com/livewire/scottie-nell-hughes-there -are-no-more-facts.

[4]　参见William Cummings, "Trump Falsely Claims Biggest Electoral Win since Reagan," *USA Today*, Feb. 16, 2017, https://www.usatoday.

com/story/news/politics/onpolitics/2017/02/16/trump-falsely-claims-biggest-electoral-win-since-reagan/98002648/; Elle Hunt, "Trump's Inauguration Crowd: Sean Spicer's Claims versus the Evidence," *Guardian*, Jan. 22, 2017, https://www.theguardian.com/us-news/2017/jan/22/trump-inauguration-crowd-sean -spicers-claims-versus-the-evidence; S. V. Date, "Of Course the CIA Gave Trump Standing Ovations: He Never Let Them Sit," *Huffington Post*, Jan. 23, 2017, http://www.huffingtonpost.com/entry/trump-cia-ovations_us _58866825e4b0e3a7356b183f; Jeremy Diamond, "Trump Falsely Claims US Murder Rate Is 'Highest' in 47 Years," CNN.com, http://www.cnn.com/ 2017/02/07/politics/donald-trump-murder-rate-fact-check/index.html.

[5] http://transcripts.cnn.com/TRANSCRIPTS/1607/22/nday.06.html.

[6] 斯蒂芬·科尔伯特回应"后真相"被选为 2016 年度词汇，说他处于"前愤怒 (pre-enraged) 状态。首先，'后真相' (post-truth) 不是一个年度词汇，而是两个词，连字符弱化了该词。其次，后真相显然只是抄袭了我的 2006 年度词汇 '感实性'。" http://www.complex.com/pop-culture/2016/11/stephen-colbert-oxford-dictionary-post-truth-truthiness-rip-off.

[7] Jon Henley, "Why Vote Leave's £350m Weekly EU Cost Claim Is Wrong," *Guardian,* June 10, 2016, https://www.theguardian.com/politics/reality-check/2016/may/23/does-the-eu-really-cost-the-uk-350m-a-week.

[8] Eric Bradner, "Conway: Trump White House Offered 'Alternative Facts' on Crowd Size," CNN.com, Jan. 23, 2017, http://www.cnn.com/2017/01/22/politics/kellyanne-conway-alternative-facts/index.html.

[9] Aristotle, *Metaphysics*, 1011b25.——原注
亚里士多德：《范畴篇·解释篇》北京：商务印书馆，1959年版，第 46 页——译者注

[10] 对于那些有兴趣阅读更多关于认识论的迷人主题，即关于知识的理论

研究的人来说，也许最好的起点是哈里·法兰克福(Harry Frankfurt)充满真知灼见却又深入浅出的著作*On Truth* (New York: Knopf, 2006)。有关各种真理论的更多细节，人们可能会倾向于阅读弗雷德里克·F. 施密(Frederick F. Schmitt)主编的 *Theories of Truth* (New York: Wiley-Blackwell, 2003)。

[11] Shear and Huetteman, "Trump Repeats Lie, https://www.nytimes.com/2017/01/23/us/politics/donald-trump-congress-democrats.html. 亦可参见两天后有关这项里程碑式的报道：Dan Barry, "In a Swirl of 'Untruths' and "Falsehoods; Calling a Lie a Lie," *New York Times*, Jan. 25, 2017, https://www.nytimes.com/2017/01/25/business/media/donald-trump-lie-media.html. 然而，这并不是《纽约时报》第一次指出特朗普撒谎，请参见 "'New York Times' Editor: 'We Owed It to Our Readers' to Call Trump Claims Lies," NPR.org, http://www.npr.org/2016/09/22/494919548/new-york-times-editor-we-owed-it-to-our-readers-to-call-trump-claims-lies.

[12] Sarah Boseley, "Mbeki AIDS Denial 'Caused 300,000 Deaths;" *Guardian*, Nov. 26, 2008, https://www.theguardian.com/world/2008/nov/26/aids-south-africa.

[13] Louise Jacobson, "Yes Donald Trump Did Call Climate Change a Chinese Hoax," *Politifact*, June 3, 2016, http://www.politifact.com/truth-o-meter/statements/2016/jun/03/hillary-clinton/yes-donald-trump-did-call-climate-change-chinese-h/.

[14] 强烈持有该主张的是特德·克鲁兹(Ted Cruz)，他声称 NOAA 自己的数据都反驳了气候变化，即使他引用的研究已经得到纠正，参见 Chris Mooney, "Ted Cruz's Favorite Argument about Climate Change Just Got Weaker," *Washington Post*, March 7, 2016, https://www.washingtonpost.com/news/energy-environment/wp/2016/03/07/ted-cruzs-favorite-argument-about-climate-change-just-got-weaker/?utm_term=.fb8b15b68e30.

[15] 新闻发言人肖恩·斯派塞在 2017 年 3 月提到失业率为 4.7%，这就是

一个明显的例子。当记者质疑特朗普过去曾将此类统计数据视为"虚假"（因为这些数据对奥巴马有利）时，斯派塞笑着说，特朗普告诉他，如果他被问到这个问题，他会说这些统计数据"可能过去是假的，但现在非常真实"。Lauren Thomas, "White House's Spicer: Trump Says Jobs Report 'May Have Been Phony in the Past, But It's Very Real Now," CNBC.com, March 10, 2017, http://www.cnbc.com/2017/03/10/white-houses-spicer-trump-says-jobs-report-may-have-been-phony-in-the-past-but-its-very-real-now.html.

[16] Lee McIntyre, *Respecting Truth: Willful Ignorance in the Internet Age* (New York: Routledge, 2015).

第二章 科学否定论：理解后真相的路线图

[1] 汤姆·尼科尔斯(Tom Nichols)在其新作 *The Death of Expertise* (New York: Oxford University Press, 2017)中解释说，这是一种日趋严重的现象，外行人越来越倾向于对专家提出质疑。在最近的一次电台采访中，他生动描述了当人们发现他是俄罗斯研究的权威时常出现的对话："你对俄罗斯很了解吗？好吧，让我给你解释一下俄罗斯。" "One National Security Professor Alarmed by 'The Death of Expertise,'" WBUR.org, http://www.wbur.org/hereandnow/2017/03/13/expertise-death-tom-nichols.

[2] McIntyre, *Respecting Truth*, 8–9.

[3] 需要认识到，科学上的确认并不是"全有或全无"现象。可以通过理论与证据的一致性以及先验概率来评估确认的程度。一种方法是通过贝叶斯推理，但也有其他方法。鉴于此，仅因为替代性理论基本上不可能是真的，科学就**可以**排除它们，即使它们严格来说并没有被"驳倒"。

[4] 同样，这里的重点是，就证据而言，某些科学理论比其他理论更可信。说某人必须"证明"一种经验理论才有理由相信它，这在逻辑上是一种荒谬的标准。

[5] James Hansen, *Storms of My Grandchildren* (New York: Bloomsbury, 2011); *James Hoggan, Climate Cover-Up: The Crusade to Deny Global Warming* (Vancouver: Greystone, 2009); Chris Mooney, *The Republican War on Science* (New York: Basic Books, 2005).

[6] Ari Rabin-Havt, *Lies, Incorporated: The World of Post-Truth Politics* (New York: Anchor Books, 2016).

[7] Naomi Oreskes and Erik Conway, *Merchants of Doubt: How a Handful of Scientists Obscured the Truth on Issues from Tobacco Smoke to Global Warming* (New York: Bloomsbury, 2010). 请注意，1964年烟草业研究委员会被烟草研究委员会 (Council for Tobacco Research) 取代。

[8] Oreskes and Conway, *Merchants of Doubt*, 14–16; Rabin-Havt, *Lies, Incorporated*, 23–25.

[9] 相关性不等于因果关系，这是统计推理的基础。无论相关程度有多高，推断一件事情必定导致另一件事情都是不合理的。我们再次回到 "证明" 的问题。高相关性当然使两个变量更有可能因果相关，但我们在处理经验问题时，总会有其他疑点。有本很好的书能帮助理解这一点：Ronald Giere, *Understanding Scientific Reasoning* (New York: Harcourt, 1991).

[10] Rabin-Havt, *Lies, Incorporated*, 26–27; 另请参见Oreskes and Conway, *Merchants of Doubt*, 16.

[11] Oreskes and Conway, *Merchants of Doubt*, 15, 33.

[12] 出处同上，168.

[13] 出处同上，34.

[14] 出处同上，35.

[15] Rabin-Havt, *Lies, Incorporated*, 7.

[16] Oreskes and Conway, *Merchants of Doubt*, 234.

[17] 2012年，哈特兰研究所的筹款计划被泄露给了媒体，不过他们对一些文件的真实性提出了质疑。参见Richard Littlemore, "Heartland Insider Exposes Institute's Budget and Strategy," *Desmog*, Feb. 14, 2012, https://www.desmogblog.com/heartland-insider-exposes-institute-s-

budget-and-strategy; https://s3.amazonaws.com/s3.document cloud. org/documents/292934/1-15-2012-2012-fundraising-plan.pdf; Suzanne Goldenberg, "Leak Exposes How Heartland Institute Works to Undermine Climate Science," *Guardian*, Feb. 14, 2012, https://www. theguardian.com/ environment/2012/feb/15/leak-exposes-heartland-institute-climate.

[18] Juliet Eilperin, "Climate Skeptics Target State Energy Laws, Including Maine's," *Bangor Daily News,* Nov. 25, 2012, http://bangordailynews. com/2012/11/25/politics/climate-skeptics-target-state-energy-laws-including -maines/.

[19] 尽管最近媒体对埃克森美孚是否真的兑现了这一承诺存在若干疑问。Alexander Kaufman, "Exxon Continued Paying Millions to Climate-Change Deniers under Rex Tillerson," *Huffington Post*, Jan. 9, 2017, http://www.huffingtonpost.com/entry/tillerson-exxon-climate-donations_us_5873a3f4e4b043ad97e48f52.

[20] Steve Coll, *Private Empire: ExxonMobil and American Power* (New York: Penguin, 2012); "ExxonMobil: A 'Private Empire' on the World Stage," NPR.org, May 2, 2012, http://www.npr.org/2012/05/02/151842205/ exxonmobil-a -private-empire-on-the-world-stage.

[21] https://www.heartland.org/Center-Climate-Environment/index.html.

[22] Justin Gillis and Leslie Kaufman, "Leak Offers Glimpse of Campaign against Climate Science," *New York Times*, Feb. 15, 2012, http://www. nytimes.com/2012/02/16/science/earth/in-heartland-institute-leak-a-plan-to-discredit-climate-teaching.html.

[23] Rabin-Havt, *Lies, Incorporated*, 42.

[24] 出处同上, 38.

[25] Mooney, *The Republican War on Science*, 81.

[26] https://www.desmogblog.com/2012/11/15/why-climate-deniers-have-no-credibility-science-one-pie-chart.

[27] Rabin-Havt, *Lies, Incorporated*, 40. 那剩下的3%呢? 后来的一项调

查发现，几乎所有认为气候变化不存在的研究都存在方法论上的错误。Dana Nuccitelli, "Here's What Happens When You Try to Replicate Climate Contrarian Studies," *Guardian*, Aug. 25, 2015, https://www.theguardian.com/environment/climate-consensus-97-per-cent/2015/aug/25/heres-what-happens-when-you-try-to-replicate-climate-contrarian-papers.

[28] http://www.pewinternet.org/2016/10/04/the-politics-of-climate/.

[29] Rabin-Havt, *Lies, Incorporated*, 34.

[30] John H. Cushman Jr., "Industrial Group Plans to Battle Climate Treaty," *New York Times*, April 26, 1998, http://www.nytimes.com/1998/04/26/us/industrial-group-plans-to-battle-climate-treaty.html.

[31] 引用的材料目前无法从其原始来源获取（http://www.euronet.nl/users/e_wesker/ew@shell/API-prop.html）. 但它已在其他一些出版物中被引用，包括 James Hoggan and Richard Littlemore, *Climate Cover-Up: The Crusade to Deny Global Warming* (Vancouver: Greystone, 2009), 43.

[32] 有证据表明这种情况已经发生，也许烟草策略现在正在被用于谋杀率的问题。尽管专家们一致认为谋杀率接近历史最低点，但公众舆论越来越相信它很高。Tristan Bridges, "There's an Intriguing Sociological Reason So Many Americans Are Ignoring Facts Lately," *Business Insider*, Feb. 27, 2017, http://www.businessinsider.com/sociology-alternative-facts-2017-2.

第三章 认知偏差的根源

[1] 更多关于容纳合理信念方法的观点，请参阅: W. V. O. Quine and J. S. Ullian, *The Web of Belief* (New York: McGraw Hill, 1978).

[2] Solomon Asch, "Opinions and Social Pressure," *Scientific American*, Nov. 1955, 3, http://kosmicki.com/102/Asch1955.pdf.

[3] 对于那些还不知道的人来说，证实性偏差是指我们寻找信息来确认我们已经相信的事情。

[4] P. C. Wason, "On the Failure to Eliminate Hypotheses in a Conceptual Task," *Quarterly Journal of Experimental Psychology 12* (1960): 129–140, http://web.mit.edu/curhan/www/docs/Articles/biases/12_Quarterly_J_Experimental_Psychology_129_(Wason).pdf.

[5] 在其令人愉快的著作*Thinking Fast and Slow* (New York: Farrar, Straus & Giroux, 2011)中，丹尼尔·卡尼曼对他一生在这些问题上的研究给出了明确且具有可读性的描述。

[6] 参见 https://en.wikipedia.org/wiki/List_of_cognitive_biases.

[7] Juliet Macur, "Why Do Fans Excuse the Patriots' Cheating Past?" *New York Times*, Feb. 5, 2017; David DeSteno and Piercarlo Valdesolo, "Manipulations of Emotional Context Shape Moral Judgment," *Psychological Science 17*, no. 6 (2006): 476–477.

[8] Drew Westen et al., "Neural Bases of Motivated Reasoning: An fMRI Study of Emotional Constraints on Partisan Political Judgment in the 2004 U.S. Presidential Election," *Journal of Cognitive Neuroscience 18*, no. 11 (November 2006): 1947–1958.

[9] Brendan Nyhan and Jason Reifler, "When Corrections Fail: The Persistence of Political Misperceptions," *Political Behavior 32*, no. 2 (June 2010): 303–330, https://www.dartmouth.edu/~nyhan/nyhan-reifler.pdf.

[10] 出处同上。

[11] Tristan Bridges, "There's an Intriguing Reason so Many Americans Are Ignoring Facts Lately," *Business Insider* (Feb. 27, 2017), http://www.businessinsider.com/sociology-alternative-facts-2017-2.

[12] David Redlawsk et al. "The Affective Tipping Point: Do Motivated Reason-ers Ever'Get It' ?" http://rci.rutgers.edu/~redlawsk/papers/A%20 Tipping%20 Point%20Final%20Version.pdf.与此同时，进一步的神经学研究表明，我们使用大脑的不同部分来处理"争议性"的信息。参见Jonas Kaplan, Sarah Gimbel, and Sam Harris, "Neural Correlates of Maintaining One's Political Beliefs in the Face of Counterevidence,"

Scientific Reports 6, http://www.nature.com/articles/srep39589.

[13] Justin Kruger and David Dunning, "Unskilled and Unaware of It: How Difficulties in Recognizing One's Own Incompetence Lead to Inflated Self-Assessments," *Journal of Personality and Social Psychology 77*, no. 6 (1999)：1121, http://psych.colorado.edu/~vanboven/teaching/p7536_heurbias/p7536_readings/kruger_dunning.pdf.

[14] 出处同上，1125.

[15] Natalie Wolchover, "Incompetent People Too Ignorant to Know It," *Live Science*, Feb. 27, 2012, http://www.livescience.com/18678-incompetent-people-ignorant.html.

[16] Ted Barrett, "Inhofe Brings Snowball on Senate Floor as Evidence Globe Is Not Warming," CNN.com, Feb. 27, 2015, http://www.cnn.com/2015/02/26/politics/james-inhofe-snowball-climate-change/index.html; https://www.facebook.com/cnn/videos/10154213275786509.一些人已经开始称唐纳德·特朗普为邓宁-克鲁格总统。Jessica Pressler, "Donald Trump, the Dunning–Kruger President," NYmag.com, Jan. 9, 2017, http:// nymag.com/scienceofus/2017/01/why-donald-trump-will-be-the-dunning-kruger-president.html.

[17] 关于这个问题，目前学术界正在进行激烈的辩论，参见：Hugo Mercier and Daniel Sperber, "Why Do Humans Reason? Arguments for an Argumentative Theory," *Behavioral and Brain Sciences 34*, no. 2 (2011)：57–111. 我在拙作《尊重真相》(*Respecting Truth*) 的第二章中讨论了这场辩论。

[18] Daniel Fessler et al., "Political Orientation Predicts Credulity Regarding Putative Hazards," http://www.danielmtfessler.com/wp-content/uploads/2013/12/Fessler-et-al-in-press-Political-Orientation-Credulity.pdf.

[19] Olga Khazan, "Why Fake News Targeted Trump Supporters," *Atlantic*, Feb. 2, 2017, https://www.theatlantic.com/science/archive/2017/02/why-fake-news-targeted-trump-supporters/515433.

[20] Ryota Kanai et al., "Political Orientations Are Correlated with Brain Structure in Young Adults," *Current Biology 21*, no. 8 (April 26, 2011): 677–680, https://www.ncbi.nlm.nih.gov/pmc/articles/PMC3092984/.

[21] Melissa Healy, "Why Conservatives Are More Likely Than Liberals to Believe False Information about Threats," *Los Angeles Times*, Feb. 2, 2017, http://www.latimes.com/science/sciencenow/la-sci-sn-conservative-believe-false-threats-20170202-story.html.

[22] 出处同上。

[23] Cass Sunstein, *Infotopia: How Many Minds Produce Knowledge* (Oxford: Oxford University Press, 2006).

[24] 值得注意的是，这并不能归结为"房间里最聪明的人"的现象，即其中一个人想出答案并告知团队。这也不是仅仅依靠被动多数意见的"群体的智慧"效应。只有当团队成员彼此互动时，才会出现这种效应。

[25] Khazan, "Why Fake News Targeted Trump Supporters," https://www.theatlantic.com/science/archive/2017/02/why-fake-news-targeted-trump-supporters/515433/; Christopher Ingraham, "Why Conservatives Might Be More Likely to Fall for Fake News," *Washington Post*, Dec. 7, 2016, https://www.washingtonpost.com/news/wonk/wp/2016/12/07/why-conservatives-might-be-more-likely-to-fall-for-fake-news/?utm_term=.eab87fe90c63.

第四章 传统媒体的衰落

[1] "Sixty Years of Daily Newspapers Circulation Trends," May 6, 2011, http://media-cmi.com/downloads/Sixty_Years_Daily_Newspaper_Circulation_Trends_050611.pdf.

[2] 或由女主播主持；芭芭拉·沃尔特斯 (Barbara Walters) 曾于 1976 年加入美国广播公司新闻部担任主持人。

[3] David Halberstam, *The Powers That Be* (Urbana: University of Illinois

Press, 2000), xi.

[4] Ted Koppel, "Olbermann, O'Reilly and the Death of Real News," *Washington Post*, Nov. 14, 2010, http://www.washingtonpost.com/wp-dyn/content/article/2010/11/12/AR2010111202857.html.

[5] 出处同上, 2. 参见: Marc Gunther, "The Transformation of Network News," *Nieman Reports*, June 15, 1999, http://niemanreports.org/articles/the-transformation-of-network-news/: "[美国广播公司新闻部总裁鲁恩·阿利奇 (Roone Arledge)]认为新闻没有理由不盈利";"鲍勃·赖特 (Bob Wright)自1986年GE推出电视网以来一直担任美国全国广播公司的首席执行官,他回忆道:'当我来到这里时,我们在新闻节目这块出现了亏损,大家认为这是可以接受的。'"

[6] Nichols, *The Death of Expertise. The Campaign against Established Knowledge and Why It Matters* (Oxford: Oxford University Press, 2017), 149–150.

[7] Sandra Salmans, "Television's 'Bad Boy' Makes Good," *New York Times*, Aug. 14, 1983, http://www.nytimes.com/1983/08/14/business/television-s-bad-boy-makes-good.html?pagewanted=all.

[8] http://www.pophistorydig.com/topics/ted-turner-cnn-1980s-1990s/.

[9] Nichols, *The Death of Expertise*, 146.

[10] 出处同上。

[11] 出处同上, 153.

[12] Jack Mirkinson, "Fox News Execs Squashed Talk of Gun Control after Newtown Massacre: Report," *Huffington Post*, Dec. 17, 2012, http://www.huffingtonpost.com/2012/12/17/fox-news-gun-control-sandy-hook-newtown_n_2318431.html.

[13] Cenk Uygur, "Will John Moody Be Forced Out of Fox Like Dan Rather from CBS?" *Huffington Post*, Nov. 15, 2006, http://www.huffingtonpost.com/cenk-uygur/will-john-moody-be-forced_b_34162.html.

[14] Shauna Theel, Max Greenberg, and Denise Robbins, "Study: Media Sowed Doubt in Coverage of UN Climate Report," *Media Matters*, Oct.

10, 2013, https://mediamatters.org/research/2013/10/10/study-media-sowed-doubt-in-coverage-of-un-clima/196387.

[15] http://www.stateofthemedia.org/2005/cable-tv-intro/content-analysis/.

[16] http://publicmind.fdu.edu/2011/knowless/.

[17] Koppel, "Olbermann, O'Reilly and the Death of Real News."

[18] Daniel Politi, "Watch Ted Koppel Tell Sean Hannity He's Bad for America", *Slate*, March 26, 2017, http://www.slate.com/blogs/the_slatest/2017/03/26/watch_ted_koppel_tell_sean_hannity_he_s_bad_for_america.html.

[19] 微软全国广播公司以10%的得票率排在最后。引自：Nichols, *The Death of Expertise*, 155–156.

[20] http://transcripts.cnn.com/TRANSCRIPTS/0410/15/cf.01.html.

[21] Stephen Marche, "The Left Has a Post-Truth Problem Too: It's Called Comedy", *Los Angeles Times*, Jan. 6, 2017, http://www.latimes.com/opinion/op-ed/ la-oe-marche-left-fake-news-problem-comedy-20170106-story.html.

[22] 出处同上。

[23] 出处同上。

[24] "The White House and the Green House", *New York Times*, May 9, 1989, http://www.nytimes.com/1989/05/09/opinion/the-white-house-and-the-greenhouse.html.

[25] James Hansen, "The Threat to the Planet", *New York Review of Books*, July 13, 2006, http://www.nybooks.com/articles/2006/07/13/the-threat-to-the-planet/.

[26] Brent Cunningham, "Rethinking Objectivity", *Columbia Journalism Review*, July–August 2003, http://archives.cjr.org/feature/rethinking_objectivity.php.

[27] Donald Trump with Tony Schwartz, *The Art of the Deal* (New York: Random House, 1992).

[28] Steven Salzberg, "Anti-Vaccine Movement Causes Worst Measles

Epidemic in 20 Years," Forbes.com, Feb. 1, 2015, https://www.forbes. com/sites/stevensalzberg/2015/02/01/anti-vaccine-movement-causes- worst-measles-epidemic-in-20-years/#27ce10b6069d.

[29] Maxwell Boykoff and Jules Boykoff, "Balance as Bias: Global Warming and the US Prestige Press, *Global Environmental Change 14* (2004): 125–136, http://sciencepolicy.colorado.edu/admin/publication_ files/2004.33.pdf.

[30] 出处同上, 127.

[31] 出处同上。

[32] 出处同上, 129.

[33] 出处同上, 129.

[34] 出处同上。

[35] 这里有一些好消息。自特朗普当选以来,《纽约时报》《洛杉矶时报》和《华盛顿邮报》的订阅量都在上升。《华盛顿邮报》在2016年12月宣布将增加60个新闻编辑室职位。Laurel Wamsley, "Big Newspapers Are Booming: 'Washington Post' to Add 60 Newsroom Jobs," NPR.org, http://www.npr.org/sections/thetwo- way/2016/12/27/507140760/big-newspapers-are-booming-washington- post-to-add-sixty-newsroom-jobs.

[36] Julie Hirschfeld Davis and Matthew Rosenberg, "With False Claims, Trump Attacks Media on Turnout and Intelligence Rift," *New York Times*, Jan. 21, 2017, https://www.nytimes.com/2017/01/21/us/politics/ trump-white-house-briefing-inauguration-crowd-size.html.

[37] http://www.gallup.com/poll/195542/americans-trust-mass-media-sinks- new-low.aspx.

[38] "Professor Makes List of Fake, Misleading News Sites You May Want to Avoid," CBS Boston, Nov. 16, 2016, http://boston.cbslocal. com/2016/11/16/fake-news-sites-websites-list-professor-merrimack- college-zimdars/.

第五章 社交媒体的兴起与假新闻问题

[1] Katharine Seelye, "Newspaper Circulation Falls Sharply," *New York Times*, Oct.31, 2006, http://www.nytimes.com/2006/10/31/business/media/31paper.html.

[2] Richard Perez-Pena, "Newspaper Circulation Continues to Decline Rapidly," *New York Times*, Oct. 27, 2008, http://www.nytimes.com/2008/10/28/business/media/28circ.html.

[3] Pew Research Center, "State of the News Media 2016: Newspapers Fact Sheet," June 15, 2016, http://www.journalism.org/2016/06/15/newspapers-fact-sheet/.

[4] Lucinda Fleeson, "Bureau of Missing Bureaus," *American Journalism Review* (Oct.–Nov. 2003), http://ajrarchive.org/Article.asp?id=3409.

[5] Paul Farhl, "One Billion Dollars Profit? Yes, the Campaign Has Been a Gusher for CNN," *Washington Post*, Oct. 27, 2016, https://www.washington post.com/lifestyle/style/one-billion-dollars-profit-yes-the-campaign-has-been-a-gusher-for-cnn/2016/10/27/1fc879e6-9c6f-11e6-9980-50913 d68eacb_story.html?utm_term=.c00743f7897c.

[6] 出处同上。

[7] Brett Edkins, "Donald Trump's Election Delivers Massive Ratings for Cable News," *Forbes*, Dec. 1, 2016, https://www.forbes.com/sites/brettedkins/2016/12/01/donald-trumps-election-delivers-massive-ratings-for-cable-news/#3df398f5119e.

[8] Neal Gabler, "Donald Trump Triggers a Media Civil War," billmoyers.com, March 25, 2016, http://billmoyers.com/story/donald-trump-triggers-a-media-civil-war/.

[9] Rantt Editorial Board, "The Media Helped Elect Donald Trump and They Need to Own Up to It," rantt.com, Dec. 20, 2016, https://rantt.com/the-media-helped-elect-donald-trump-and-they-need-to-own-up-to-it-a33804e9cf1a.

[10] 出处同上。

[11] 出处同上。

[12] Jeffrey Gottfried and Elisa Shearer, Pew Research Center, "News Use across Social Media Platforms 2016," journalism.org, May 26, 2016, http://www.journalism.org/files/2016/05/PJ_2016.05.26_social-media-and-news_FINAL.pdf.

[13] Ricardo Gandour, "Study: Decline of Traditional Media Feeds Polarization," *Columbia Journalism Review*, Sept. 19, 2016, http://www.cjr.org/analysis/media_polarization_journalism.php.

[14] Jacob Soll, "The Long and Brutal History of Fake News," *Politico*, Dec. 18, 2016, http://www.politico.com/magazine/story/2016/12/fake-news-history-long-violent-214535.

[15] 出处同上。

[16] 出处同上。

[17] Michael Schudson, Discovering the News: A Social History of American Newspapers（New York: Basic Books, 1981），4. 请注意，关于"新闻"的概念是什么时候出现的，索尔（Jacob Soll）有异议。舒德森（Michael Schudson）说，新闻的概念始于杰克逊时代；索尔说，"500年前，随着印刷术的发明，新闻的概念已经出现"。

[18] 出处同上。

[19] 出处同上，5.

[20] Christopher Woolf, "Back in the 1890s, Fake News Helped Start a War," *Public Radio International*, Dec. 8, 2016, https://www.pri.org/stories/2016-12-08/long-and-tawdry-history-yellow-journalism-america.

[21] Quotation by Joseph E. Wisan (1934), cited from Alexandra Samuel, "To Fix Fake News, Look to Yellow Journalism," *JSTOR Daily*, Nov. 29, 2016, https://daily.jstor.org/to-fix-fake-news-look-to-yellow-journalism/.

[22] Soll, "The Long and Brutal History."

[23] Woolf, "Back in the 1890s, Fake News Helped Start a War."

[24] Schudson, *Discovering the News*, 5.

[25] Soll, "The Long and Brutal History."

[26] Jason Stanley, "The Truth about Post-Truth", *Ideas with Paul Kennedy*, Canadian Broadcasting Corporation Radio, April 17, 2017, http://www. cbc.ca/radio/ideas/the-truth-about-post-truth-1.3939958.

[27] 也许与谎言的类比将有助于理解：使假新闻虚假的是误导的意图——而不仅仅是其内容中的假话。尽管这里确实提出了以下问题：如果分享谎言的人实际上真的相信这个谎言怎么办？那它还是虚假的吗？如果特朗普被蒙蔽到认为自己真的赢得了普选，这样就不算是传播假新闻吗？

[28] Andrew Higgins et al., "Inside a Fake News Sausage Factory: 'This Is All About Income,'" *New York Times*, Nov. 25, 2016, https://www.nytimes. com/2016/11/25/world/europe/fake-news-donald-trump-hillary-clinton-georgia.html?_r=0.

[29] 出处同上。

[30] Samantha Subramanian, "Inside the Macedonian Fake-News Complex," *Wired*, Feb. 15, 2017, https://www.wired.com/2017/02/veles-macedonia-fake-news/.

[31] Scott Shane, "From Headline to Photograph, a Fake News Masterpiece," *New York Times*, Jan. 18, 2017, https://www.nytimes.com/2017/01/18/us/fake-news-hillary-clinton-cameron-harris.html.

[32] Joe Marusak, "Fake News Author Is Fired; Apologizes to Those Who Are 'Disappointed' by His Actions," *Charlotte Observer*, Jan. 19, 2017, http://www.charlotteobserver.com/news/local/article127391619.html.

[33] 2017年3月31日，美国参议院情报委员会宣布，它正在调查"关于俄罗斯雇用至少1000名网军在总统选举期间散布虚假新闻，伤害民主党候选人希拉里·克林顿的报道"。http://www.huffingtonpost.com/entry/russian-trolls-fake-news_us_58dde6bae4b08194e3b8d5c4. 显然，这项计划相当精密，能够针对威斯康星州、密歇根州和宾夕法尼亚州等特定摇摆州。http://www.independent.co.uk/news/world/americas/us-politics/russian-trolls-hilary-clinton-fake-news-election-democrat-

mark-warner-intelligence-committee-a7657641.html.

[34] Sapna Maheshwari, "How Fake News Goes Viral: A Case Study," *New York Times*, Nov. 20, 2016, https://www.nytimes.com/2016/11/20/business/media/how-fake-news-spreads.html?_r=0.

[35] "Man Opens Fire in Restaurant Targeted by Anti-Clinton 'Pizzagate' Fake News Conspiracy," CBS News, Dec. 4, 2016, http://www.cbsnews.com/news/police-man-with-assault-rifle-dc-comet-pizza-victim-of-fake-sex-trafficking-story/.

[36] Craig Silverman, "This Analysis Shows How Viral Fake Election News Stories Outperformed Real News on Facebook," buzzfeed.com, Nov. 16, 2016, https://www.buzzfeed.com/craigsilverman/viral-fake-election-news-outperformed-real-news-on-facebook?utm_term=.lrJLPJLWV#.ssvv6Avgl.

[37] "Duped by Fake News, Pakistan Defense Minister Makes Nuke Threat to Israel," yahoo.com, Dec. 26, 2016, https://www.yahoo.com/news/duped-fake-news-pakistan-minister-makes-nuke-threat-074808075.html.

[38] Sam Kestenbaum, "Google 'Did the Holocaust Happen'—and a Neo-Nazi Site Is the Top Hit," forward.com, Dec. 13, 2016, http://forward.com/news/356923/google-did-the-holocaust-happen-and-a-neo-nazi-site-is-the-top-hit/.

[39] Philip Bump, "Google's Top News Link for 'Final Election Results' Goes to a Fake News Site with False Numbers," *Washington Post*, Nov. 14, 2016, https://www.washingtonpost.com/news/the-fix/wp/2016/11/14/googles-top-news-link-for-final-election-results-goes-to-a-fake-news-site-with-false-numbers/?utm_term=.a75261b0dea8.

[40] Danielle Kurtzleben, "With 'Fake News,' Trump Moves from Alternative Facts to Alternative Language," NPR.org, Feb. 17, 2017, http://www.npr.org/2017/02/17/515630467/with-fake-news-trump-moves-from-alternative-facts-to-alternative-language.

[41] Jason Stanley, *How Propaganda Works* (Princeton, NJ: Princeton University Press, 2015).

[42] "How Propaganda Works in the Age of Fake News," WBUR.org, Feb. 15, 2017, http://www.wbur.org/hereandnow/2017/02/15/how-propaganda-works-fake-news.

[43] Julie Beck在她的文章中也提出了同样的观点："This Article Won't Change Your Mind," *Atlantic*, March 13, 2017, https://www.theatlantic.com/science/archive/2017/03/this-article-wont-change-your-mind/519093/.

[44] Ron Suskind, "Faith, Certainty and the Presidency of George W. Bush," *New York Times Magazine*, Oct. 17, 2004, http://www.nytimes.com/2004/10/17/magazine/faith-certainty-and-the-presidency-of-george-w-bush.html?_r=0.

[45] Charles Simic, "Expendable America," *New York Review of Books*, Nov. 19, 2016, http://www.nybooks.com/daily/2016/11/19/trump-election-expendable-america/.

[46] Timothy Snyder, *On Tyranny: Twenty Lessons from the 20th Century* (New York: Tim Duggan Books, 2017).

[47] Sean Illing, "'Post-Truth Is Pre-Fascism': A Holocaust Historian on the Trump Era," *Vox*, March 9, 2017, http://www.vox.com/conversations/2017/3/9/14838088/donald-trump-fascism-europe-history-totalitarianism-post-truth.

[48] http://www.marketwatch.com/story/how-does-your-favorite-news-source-rate-on-the-truthiness-scale-consult-this-chart-2016-12-15.

[49] Robinson Meyer, "The Rise of Progressive 'Fake News'," *Atlantic*, Feb. 3, 2017, https://www.theatlantic.com/technology/archive/2017/02/viva-la-resistance-content/515532/; Sam Levin, "Fake News for Liberals: Misinformation Starts to Lean Left under Trump," *Guardian*, Feb. 6, 2017, https://www.theguardian.com/media/2017/feb/06/liberal-fake-news-shift-trump-standing-rock.

[50] Katharine Viner, "How Technology Disrupted the Truth," *Guardian*, July 12, 2016, https://www.theguardian.com/media/2016/jul/12/how-tech nology-disrupted-the-truth.

[51] Nick Wingfield et al., "Google and Facebook Take Aim at Fake News Sites," *New York Times*, Nov. 14, 2016, https://www.nytimes. com/2016/11/15/technology/google-will-ban-websites-that-host-fake-news-from-using-its-ad-service.html.

[52] 出处同上。

[53] David Pierson, "Facebook Bans Fake News from Its Advertising Net-work—but not Its News Feed," *Los Angeles Times*, Nov. 15, 2016, http://www.latimes.com/business/la-fi-facebook-fake-news-20161115-story. html.然而，2017年9月，脸书披露，它向一家俄罗斯公司出售了数千条与克里姆林宫有关的广告，这些广告意在操纵2016大选。Scott Shane and Vindu Goel, "Fake Russian Facebook Accounts Bought $100,000 in Political Ads," *New York Times*, Sept. 6, 2017, https://www. nytimes.com/2017/09/06/technology/facebook-russian-political-ads. html.

[54] Pierson, "Facebook Bans Fake News."

[55] 脸书现在有一个名为"辨别假新闻的小贴士"的帮助页面，这虽然很有帮助，但仍然将清除自己的新闻源中的假新闻的责任主要交由读者。 https://techcrunch.com/2017/04/06/facebook-puts-link-to-10-tips-for-spotting-false-news-atop-feed/.

[56] Quoted in Meyer, "The Rise of Progressive 'Fake News,'" https://www. theatlantic.com/technology/archive/2017/02/viva-la-resistance-content/ 515532/.

[57] Laurel Wamsley, "Big Newspapers Are Booming: 'Washington Post' to Add 60 Newsroom Jobs," NPR.org, Dec. 27, 2016, http://www.npr. org/sections/thetwo-way/2016/12/27/507140760/big-newspapers-are-booming-washington-post-to-add-sixty-newsroom-jobs.

[58] Daniel J. Levitin, *Weaponized Lies: How to Think Critically in the Post-*

Truth Era (New York: Dutton, 2017).

[59] Scott Bedley, "I Taught My 5th-Graders How to Spot Fake News: Now They Won't Stop Fact-Checking Me," *Vox*, May 29, 2017, http://www.vox. com/first-person/2017/3/29/15042692/fake-news-education-election.

第六章 后现代主义是否导致了后真相?

[1] Michael Lynch, *True to Life: Why Truth Matters* (Cambridge, MA: MIT Press, 2004), 35–36.

[2] Conor Lynch, "Trump's War on Environment and Science Are Rooted in His Post-Truth Politics—and Maybe in Postmodern Philosophy," *Salon*, April 1, 2017, http://www.salon.com/2017/04/01/trumps-war-on-environment-and-science-are-rooted-in-his-post-truth-politics-and-maybe-in-postmodern-philosophy/.

[3] Paul Gross and Norman Levitt, *Higher Superstition: The Academic Left and Its Quarrels with Science* (Baltimore: Johns Hopkins University Press, 1994), 77.

[4] Lynne Cheney, *Telling the Truth* (New York: Simon & Schuster, 1995).

[5] 有关后现代主义思想的一些优秀评论，请参见：Michael Lynch, *In Praise of Reason* (Cambridge, MA: MIT Press, 2012); Paul Boghossian, *Fear of Knowledge: Against Relativism and Constructivism* (Oxford: Clarendon Press, 2007); Noretta Koertge, ed., *A House Built on Sand: Exposing Postmodernist Myths about Science* (Oxford: Oxford University Press, 1998).

[6] 如果你想了解更多关于"强纲领"及其创始人大卫·布鲁尔的信息，最好从科林·芬恩(Collin Finn)一篇题为《大卫·布鲁尔与强纲领》("David Bloor and the Strong Programme,")的评论文章开始，作为第三章收录于芬恩以下著作：*Science Studies as Naturalized Philosophy*, Synthese Library Book Series, vol. 348 (Springer, 2011), 35–62.

[7] 具有讽刺意味的是，在皮尤最近(2016年10月)关于"气候变化的政

治"的民意调查中，其中一些主张似乎被极右翼所接受。当被问及"气候科学家的研究结果大部分时间都会受到什么影响"时，57%的保守派共和党人同意"科学家对职业发展的渴望"的观点，54%的人同意"科学家自身的政治倾向"，只有9%的人同意是"现有的最佳科学证据"。http://www.pewinternet.org/2016/10/04/the-politics-of-climate/.

[8] Carolyn Merchant, *The Death of Nature* (New York: Harper, 1990).

[9] Sandra Harding, *The Science Question in Feminism* (Ithaca: Cornell Univer- sity Press, 1986), 113.

[10] 如果你想读一篇细致入微的哲学文章，它既质疑我们传统的客观性概念，同时又捍卫科学的独特性,请见: Helen Longino, *Science as Social Knowledge: Values and Objectivity in Scientific Inquiry* (Princeton, NJ: Princeton University Press, 1990).

[11] Alan Sokal, "Transgressing the Boundaries: Toward a Transformative Hermeneutics of Quantum Gravity," *Social Text 46–47* (spring–summer 1996): 217–252, http://www.physics.nyu.edu/sokal/transgress_v2_noafterword.pdf.

[12] Alan Sokal, "A Physicist Experiments with Cultural Studies, *Lingua Franca* (May–June 1996), http://www.physics.nyu.edu/faculty/sokal/lingua_franca_v4/lingua_franca_v4.html.

[13] 出处同上。

[14] 对此，迈克尔·贝鲁比写道："（索卡尔）——而他不是唯一一个——认为后现代主义和理论不利于左派，学界的左派正在猛烈破坏政治进步的基础。" Michael Berube, "The Science Wars Redux," *Democracy Journal* (winter 2011): 70.

[15] Sokal, "A Physicist Experiments with Cultural Studies."

[16] Judith Warner, "Fact-Free Science," *New York Times Magazine*, Feb. 25, 2011, http://www.nytimes.com/2011/02/27/magazine/27FOB-WWLN-t.html.

[17] Chris Mooney, "Once and For All: Climate Denial Is Not Postmodern,"

Desmog, Feb. 28, 2011, https://www.desmogblog.com/once-and-all-climate-denial-not-postmodern.

[18] 出处同上。

[19] Robert Pennock, "The Postmodern Sin of Intelligent Design Creationism," *Science and Education 19* 2010）: 757–778, https://msu.edu/~pennock5/research/papers/Pennock_PostmodernSinID.pdf.

[20] J. Lawrence, interview with Phillip E. Johnson, *Communique: A Quarterly Journal*（Spring 1999）, http://www.arn.org/docs/johnson/commsp99.htm.

[21] G. Silberman, "Phil Johnson's Little Hobby," *Boalt Hall Cross-Examiner 6*, no. 2（1993）: 4.

[22] P. Johnson, "Open Letter to John W. Burgeson." Pennock引用时注明"发布于互联网"，但它肯定已经被删除了。 Citation is from Pennock, "The Postmodern Sin," 759.

[23] N. Pearcey, "Anti-Darwinism Comes to the University: An Interview with Phillip Johnson," *Bible Science Newsletter 28*, no. 6 (1990): 11.

[24] Pennock, "The Postmodern Sin," 762.

[25] 有关智能设计之战如何影响气候变化之战的讨论，请参见拙作《尊重真相》（*Respecting Truth: Willful Ignorance in the Internet Age*）(New York: Routledge, 2015), 56–80.

[26] Warner在其2011年的文章中引用了其中一些例子。Mooney似乎忽略了它们。

[27] http://www.nytimes.com/2003/03/15/opinion/environmental-word-games.html.

[28] Bruno Latour, "Why Has Critique Run Out of Steam? From Matters of Fact to Matters of Concern," *Critical Inquiry 30*（winter 2004）: 225–248, http://www.unc.edu/clct/LatourCritique.pdf.

[29] 出处同上。

[30] Michael Berube, "The Science Wars Redux," *Democracy Journal*（winter 2011）: 64–74, http://democracyjournal.org/magazine/19/the-science-

wars-redux/.

[31] 出处同上。

[32] Conor Lynch, "Trump's War on Environment and Science Are Rooted in His Post-Truth Politics," http://www.salon.com/2017/04/01/trumps-war-on-environment-and-science-are-rooted-in-his-post-truth-politics-and-maybe-in-postmodern-philosophy/.

[33] 拉图尔在 *Why Has Critique Run Out of Steam* 一书中写道:"当然,阴谋论是我们自己论点的荒谬变形,但就像把武器走私到模糊的边界,落入坏人手中一样,这些仍然是我们的武器。尽管有所变形,但很容易识别,上面仍烙有我们的标志。"(230)

[34] 我在《尊重真相》(*Respecting Truth*, 104–107)一书和《攻击真相》("The Attack on Truth")一义中提出了后现代主义是否科学否定论的根源之一这一议题:*Chronicle of Higher Education*, June 8, 2015, http://www.chronicle.com/article/The-Attack-on-Truth/230631. 正如我在本书第二章中所说的,我相信科学否定论是后真相的前兆。当这两条线结合在一起时,就能得出结论:后现代主义也是后真相的根源之一。

[35] 参见之前引用的文章:Conor Lynch, "Trump's War on Environ- ment and Science Are Rooted in His Post-Truth Politics."另见:Andrew Calcutt, "The Truth about Post-Truth Politics," *Newsweek*, Nov. 21, 2016, http://www.newsweek.com/truth-post-truth-politics-donald-trump-liberals-tony-blair-523198, 以及 Andrew Jones, "Want to Better Understand 'Post-Truth' Politics? Then Study Postmodernism," *Huffington Post*, Nov. 11, 2016, http://www.huffingtonpost.co.uk/andrew-jones/want-to-better-understand_b_13079632.html. 一些有趣的相关博客帖,参见:"Donald Trump and the Triumph of Right-Wing Postmodernism," Stewedrabbit (blog), Dec. 12, 2016, http://stewedrabbit.blogspot.com/2016/12/donald-trump-and-triumph-of-right-wing.html, 以及Charles Kurzman, "Rightwing Postmodernists," Nov. 30, 2014, http://kurzman.unc.edu/rightwing-postmodernists/.

[36] Truman Chen, "Is Postmodernism to Blame for Post-Truth?"

Philosophytalk（blog），Feb. 17, 2017, https://www.philosophytalk.org/blog/postmodernism-blame-post-truth.

[37] 出处同上。

[38] Carole Cadwalladr, "Daniel Dennett: 'I Begrudge Every Hour I Have to Spend Worrying about Politics,'" *Guardian*, Feb. 12, 2017, https://www.theguardian.com/science/2017/feb/12/daniel-dennett-politics-bacteria-bach-back-dawkins-trump-interview.

[39] 尽管塞诺维奇不承认自己是"另类右翼"的成员，但一名记者指出，当他讨论另类右翼运动时，他说的是"我们"。Andrew Marantz, "Trolls for Trump: Meet Mike Cernovich, the Meme Mastermind of the Alt-Right," *New Yorker*, Oct. 31, 2016, http://www.newyorker.com/magazine/2016/10/31/trolls-for-trump.

[40] Maxwell Tani, "Some of Trump's Top Supporters Are Praising a Conspiracy Theorist Who Fueled 'Pizzagate' for His Reporting," *Business Insider*, April 4, 2017, http://www.businessinsider.com/mike-cernovich-kellyanne-conway-donald-trump-jr-2017-4.

[41] Gideon Resnick, "Trump's Son Says Mike 'Pizzagate' Cernovich Deserves a Pulitzer," *The Daily Beast*, April 4, 2017, http://www.thedailybeast.com/articles/2017/04/04/trump-s-son-says-mike-pizzagate-cernovich-deserves-a-pulitzer.html.

[42] https://www.youtube.com/watch?v=4ZmljpEf4q4.

[43] Abby Ohlheiser and Ben Terris, "How Mike Cernovich's Influence Moved from the Internet Fringes to the White House," *Washington Post*, April 7, 2017, https://www.washingtonpost.com/news/the-intersect/wp/2017/04/07/how-mike-cernovichs-influence-moved-from-the-internet-fringes-to-the-white-house/?utm_term=.1f0eca43415c.

[44] 关于塞诺维奇对约会强奸的看法，参见：Tani, "Some of Trump's Supporters." 关于他对"女权主义灌输"的看法，参见：Marantz, "Trolls for Trump." 马兰兹的文章也表示，"2003年，他（塞诺维奇）被指控强奸了一名他认识的女子；这项指控后来被撤销，但法官判他要

为系列行为失检而参加社区服务"（4）。

[45] 塞诺维奇评论Vic Berger，引自：Tani, "Some of Trump's Supporters."

[46] Marantz, "Trolls for Trump."

第七章 抗击后真相

[1] Nancy Gibbs, "When a President Can't Be Taken at His Word," *Time*, April 3, 2017, http://time.com/4710615/donald-trump-truth-falsehoods/.

[2] 出处同上。

[3] Farhad Manjoo, *True Enough: Learning to Live in a Post-Fact Society* (Hoboken, NJ: Wiley, 2008).

[4] 2004年，Ralph Keyes出版*The Post-Truth Era: Dishonesty and Decep- tion in Contemporary Life* (New York: St. Martin's, 2004)，该书将说谎和不诚实视为一个社会问题。2015年，我出版了《尊重真相》(*Respecting Truth: Willful Ignorance in the Internet Age*) (New York: Routledge, 2015)。在这本书中，我谴责了日益党派化的"科学战争"中一些当时未命名的"后真相"策略。然而，我们两人都没有像Manjoo那样预见到这会跃至国家政治的层面。

[5] Manjoo, *True Enough*, 56–58.

[6] Lindsay Abrams, "BBC Staff Ordered to Stop Giving Equal Airtime to Climate Deniers," *Salon*, July 6, 2014, http://www.salon.com/2014/07/06/bbc_staff_ordered_to_stop_giving_equal_air_time_to_climate_deniers/.

[7] Justin Ellis, "Why the Huffington Post Doesn't Equivocate on Issues like Global Warming," *NiemanLab*, April 16, 2012, http://www.niemanlab.org/2012/04/why-the-huffington-post-doesnt-equivocate-on-issues-like-global-warming/.

[8] David Redlawsk et al., "The Affective Tipping Point: Do Motivated Reasoners Ever 'Get It'?" http://rci.rutgers.edu/~redlawsk/papers/A%20Tipping%20Point%20Final%20Version.pdf.

[9]　出处同上。

[10]　出处同上。

[11]　James Kuklinski et al.,"Misinformation and the Currency of Democratic Citizenship," *Journal of Politics 62*, no. 3 (August 2000): 790–816, https://www.unc.edu/~fbaum/teaching/articles/JOP-2000-Kuklinski.pdf.

[12]　Christopher Joyce, "Rising Sea Levels Made This Republican Mayor a Climate Change Believer," NPR.org, May 17, 2016, http://www.npr.org/2016/05/17/477014145/rising-seas-made-this-republican-mayor-a-climate-change-believer.

[13]　出处同上。

[14]　Erika Bolstad,"Florida Republicans Demand Climate Change Solutions," *Scientific American*, March 15, 2016, https://www.scientificamerican.com/article/florida-republicans-demand-climate-change-solutions/.

[15]　Brendan Nyhan and Jason Reifler, "The Roles of Information Deficits and Identity Threat in the Prevalence of Misperceptions," Feb. 24, 2017, https://www.dartmouth.edu/~nyhan/opening-political-mind.pdf.

[16]　Ruth Marcus, "Forget the Post-Truth Presidency: Welcome to the Pre-Truth Presidency," *Washington Post*, March 23, 2017, https://www.washingtonpost.com/opinions/welcome-to-the-pre-truth-presidency/2017/03/23/b35856ca-1007-11e7-9b0d-d27c98455440_story.html?utm_term=.86208421e389.

[17]　http://time.com/4710456/donald-trump-time-interview-truth-falsehood/.

[18]　Glenn Kessler and Michelle Ye Hee Lee, "President Trump's Cascade of False Claims in Time's Interview on His Falsehoods," *Washington Post*, March 23, 2017, https://www.washingtonpost.com/news/fact-checker/wp/2017/03/23/president-trumps-cascade-of-false-claims-in-times-interview-on-his-falsehoods/?utm_term=.1df47d64641a; Michael Shear, "What Trump's *Time* Interview Shows about His Thinking," *New York Times*, March 23, 2017, https://www.nytimes.com/2017/03/23/us/

politics/what-trumps-time-interview-shows-about-his-thinking.html?_
r=0; Lauren Carroll and Louis Jacobson, "Fact-Checking Trump's TIME
Interview on Truths and Falsehoods," *PolitiFact*, March 23, 2017, http://
www.politifact.com/truth-o-meter/article/2017/mar/23/fact-checking-
trumps-time-interview-truths-and-fal/.

[19] Marcus, "Forget the Post-Truth Presidency."

[20] http://time.com/4710456/donald-trump-time-interview-truth-
falsehood/.

[21] Lawrence Douglas, "Donald Trump's Dizzying Time Magazine
Interview Was 'Trumpspeak' on Display," *Guardian*, March 24, 2017,
https://www.theguardian.com/commentisfree/2017/mar/24/donald-
trumps-dizzying-time-magazine-interview-trumpspeak.

[22] Bill Moyers, "A Group of Experts Wrote a Book about Donald Trump's
Mental Health—and the Controversy Has Just Begun," *Mother Jones*,
Sept. 23, 2017, http://www.motherjones.com/politics/2017/09/a-group-
of-experts-wrote-a-book-about-donald-trumps-mental-health-and-the-
controversy-has-just-begun/.

[23] https://science.ksc.nasa.gov/shuttle/missions/51-l/docs/rogers-
commission/Appendix-F.txt.

参考文献

Abrams, Lindsay. "BBC Staff Ordered to Stop Giving Equal Airtime to Climate Deniers." *Salon*, July 6, 2014. http://www.salon.com/2014/07/06/bbc_staff_ordered_to_stop_giving_equal_air_time_to_climate_deniers/.

Arendt, Hannah. *The Origins of Totalitarianism.* New York: Harcourt, Brace, 1951.

Asch, Solomon. "Opinions and Social Pressure." *Scientific American* 193 (November 1955): 31–35.

Beck, Julie. "This Article Won't Change Your Mind." *Atlantic*, March 13, 2017.

Bedley, Scott. "I Taught My 5th-Graders How to Spot Fake News: Now They Won't Stop Fact-Checking Me." *Vox*, May 29, 2017. https://www.vox.com/first-person/2017/3/29/15042692/fake-news-education-election.

Benson, Ophelia, and Jeremy Stangroom. *Why Truth Matters*. London: Continuum, 2006.

Berube, Michael. "The Science Wars Redux." *Democracy Journal* (winter 2011): 64–74.

Blackburn, Simon. *Truth: A Guide*. Oxford: Oxford University Press, 2007.

Boghossian, Paul. *Fear of Knowledge*. Oxford: Oxford University Press, 2006.

Bolstad, Erika. "Florida Republicans Demand Climate Change Solutions." *Scientific American*, March 15, 2016. https://www.scientificamerican.com/article/florida-republicans-demand-climate-change-solutions/.

Boykoff, Maxwell, and Jules Boykoff. "Balance as Bias: Global Warming and the US Prestige Press." *Global Environmental Change* 14 (2004) : 125–136.

Braman, Donald, et al. "The Polarizing Impact of Science Literacy and Numeracy on Perceived Climate Change Risks." *Nature Climate Change* 2 (2012): 732–735.

Bridges, Tristan. "There's an Intriguing Reason So Many Americans Are Ignoring Facts Lately." *Business Insider*, Feb. 27, 2017.

Cadwalladr, Carole. "Daniel Dennett: 'I Begrudge Every Hour I have to Spend Worrying about Politics.'" *Guardian*, Feb. 12, 2017. https://www.theguardian.com/science/2017/feb/12/daniel-dennett-politics-bacteria-bach-back-dawkins-trump-interview.

Calcutt, Andrew. "The Truth about Post-Truth Politics." *Newsweek*, Nov. 21, 2016.

Coll, Steve. *Private Empire: ExxonMobil and American Power.* New York: Penguin, 2012.

Collin, Finn. *Science Studies as Naturalized Philosophy.* Synthese Library Book Series, vol. 348. New York: Springer, 2011.

Cunningham, Brent. "Rethinking Objectivity." *Columbia Journalism Review* 42, no. 2 (July–August 2003): 24–32. http://archives.cjr.org/united_states_project/rethinking_objectivity_a_wisco.php.

DeSteno, David, and Piercarlo Valdesolo. "Manipulations of Emotional Context Shape Moral Judgment." *Psychological Science* 17, no. 6 (2006): 476–477.

Douglas, Lawrence. "Donald Trump's Dizzying Time Magazine Interview Was 'Trumpspeak' on Display." *Guardian*, March 24, 2017. https://www.theguardian.com/commentisfree/2017/mar/24/donald-trumps-dizzying-time-magazine-interview-trumpspeak.

Edkins, Brett. "Donald Trump's Election Delivers Massive Ratings for Cable News." *Forbes*, Dec. 1, 2016.

Eilperin, Juliet. "Climate Skeptics Seek to Roll Back State Laws on Renewable Energy." *Washington Post*, Nov. 25, 2012.

Ellis, Justin. "Why the Huffington Post Doesn't Equivocate on Issues like Global Warming." *NiemanLab*, April 16, 2012. http://www.niemanlab.org/2012/04/why-the-huffington-post-doesnt-equivocate-on-issues-like-global-warming/

Farhl, Paul. "One Billion Dollars Profit? Yes, the Campaign Has Been a Gusher for CNN." *Washington Post*, Oct. 27, 2016.

Fessler, Daniel, et al. "Political Orientation Predicts Credulity Regarding Putative Hazards." *Psychological Science* 28, no. 5 (2017): 651–660.

Fleeson, Lucinda. "Bureau of Missing Bureaus." American Journalism Review (October–November 2003). http://ajrarchive.org/article.asp?id=3409.

Frankfurt, Harry. *On Bullshit.* Princeton: Princeton University Press, 2009.

Frankfurt, Harry. *On Truth.* New York: Knopf, 2006.

Gabler, Neal. "Donald Trump Triggers a Media Civil War." *billmoyers.com* (blog), March 25, 2016. http://billmoyers.com/story/donald-trump-triggers-a-media-civil-war/.

Gandour, Ricardo. "Study: Decline of Traditional Media Feeds Polarization." *Columbia Journalism Review*, Sept. 19, 2016. https://www.cjr.org/analysis/media_polarization_journalism.php.

Gibbs, Nancy. "When a President Can't Be Taken at His Word." *Time*, April 3, 2017.

Giere, Ronald. *Understanding Scientific Reasoning.* New York: Harcourt, 1991.

Gottfried, Jeffrey and Elisa Shearer, "News Use Across Social Media Platforms 2016." *Pew Research Center*, May 26, 2016.

Graves, Lucas. *Deciding What's True: The Rise of Political Fact-Checking in*

American Journalism. New York: Columbia University Press, 2016.

Gross, Paul, and Norman Levitt. *Higher Superstition: The Academic Left and Its Quarrels with Science*. Baltimore: Johns Hopkins University Press, 1994.

Gross, P., N. Levitt, and M. W. Lewis, eds. *The Flight from Science and Reason*. New York: New York Academy of Sciences, 1996.

Gunther, Marc. "The Transformation of Network News." *Nieman Reports*, June 15, 1999. http://niemanreports.org/articles/the-transformation-of-network -news/.

Halberstam, David. *The Powers That Be*. Urbana: University of Illinois Press, 2000.

Hansen, James. "The Threat to the Planet." *New York Review of Books*, July 13, 2006. http://www.nybooks.com/articles/2006/07/13/the-threat-to-the-planet/.

Hansen, James. *Storms of My Grandchildren*. New York: Bloomsbury, 2009.

Healy, Melissa. "Why Conservatives Are More Likely Than Liberals to Believe False Information about Threats." *Los Angeles Times*, Feb. 2, 2017.

Higgins, Andrew, Mike McIntire, and Gabriel J. X. Dance. "Inside a Fake News Sausage Factory: 'This Is All about Income.'" *New York Times*, Nov. 25, 2016.

Hoggan, James, and Richard Littlemore. *Climate Cover-Up: The Crusade to Deny Global Warming*. Vancouver: Greystone, 2009.

Jones, Andrew. "Want to Better Understand 'Post-Truth' Politics? Then Study Postmodernism." *Huffington Post*, Nov. 11, 2016. http://www.huffingtonpost.co.uk/andrew-jones/want-to-better-understand_b_13079632.html.

Joyce, Christopher. "Rising Sea Levels Made This Republican Mayor a Climate Change Believer." *NPR*, May 17, 2016. http://www.npr.org/2016/05/17/477014145/rising-seas-made-this-republican-mayor-a-climate-change-believer.

Kahan, Dan M. "Climate-Science Communication and the Measurement Problem." *Advances in Political Psychology* 36 (2015): 1–43.

Kahan, Dan M., et al. "Cultural Cognition of Scientific Consensus." *Journal of Risk Research* 14 (2011): 147–174.

Kahneman, Daniel. *Thinking Fast and Slow*. New York: Farrar, Straus & Giroux, 2011.

Kanai, Ryota, Tom Feilden, Colin Firth, and Geraint Rees. "Political Orientations Are Correlated with Brain Structure in Young Adults." *Current Biology* 21, no. 8 (April 26, 2011): 677–680.

Kessler, Glenn, and Ye Hee Lee Michelle. "President Trump's Cascade of False Claims in Time's Interview on His Falsehoods." *Washington Post*, March 23, 2017.

Keyes, Ralph. *The Post-Truth Era: Dishonesty and Deception in Contemporary Life*. New York: St. Martin's, 2004.

Khazan, Olga. "Why Fake News Targeted Trump Supporters." *Atlantic*, Feb. 2, 2017.

Koertge, N., ed. *A House Built on Sand: Exposing Postmodernist Myths About Science*. Oxford: Oxford University Press, 2000.

Koppel, Ted. "Olbermann, O'Reilly and the Death of Real News." *Washington Post*, Nov. 14, 2010.

Kruger, Justin, and David Dunning. "Unskilled and Unaware of It: How Difficulties in Recognizing One's Own Incompetence Lead to Inflated Self- Assessments." *Journal of Personality and Social Psychology* 77, no. 6 (1999): 1121–1134.

Kuklinski, James, Paul J. Quirk, Jennifer Jerit, David Schwieder, and Robert F. Rich. "Misinformation and the Currency of Democratic Citizenship." *Journal of Politics* 62, no. 3 (Aug. 2000): 790–816.

Kurtzleben, Danielle. "With 'Fake News,' Trump Moves from Alternative Facts to Alternative Language." *NPR*, Feb. 17, 2017. http://www.npr.org/2017/02/17/515630467/with-fake-news-trump-moves-from-alternative-facts-to-alternative-language.

Latour, Bruno. "Why Has Critique Run out of Steam? From Matters of Fact to Matters of Concern." *Critical Inquiry* 30 (winter 2004): 225–248.

Lawrence, Jeff. "Communique Interview: Phillip E. Johnson." *Communique: A Quarterly Journal* (spring 1999).

Levitin, Daniel J. *Weaponized Lies: How to Think Critically in the Post-Truth Era*. New York: Dutton, 2016.

Longino, Helen. *Science as Social Knowledge: Values and Objectivity in Scientific Inquiry.* Princeton, NJ: Princeton University Press, 1990.

Lynch, Conor. "Trump's War on Environment and Science Are Rooted in His Post-Truth Politics—and Maybe in Postmodern Philosophy." *Salon*, April 1, 2017. http://www.salon.com/2017/04/01/trumps-war-on-environment-and-science-are-rooted-in-his-post-truth-politics-and-maybe-in-postmodern-philosophy/.

Lynch, Michael. *In Praise of Reason*. Cambridge, MA: MIT Press, 2012.

Lynch, Michael. *True to Life: Why Truth Matters.* Cambridge, MA: MIT Press, 2004.

Macur, Juliet. "Why Do Fans Excuse the Patriots' Cheating Past?" *New York Times*, Feb. 5, 2017.

Maheshwari, Sapna. "How Fake News Goes Viral: A Case Study." *New York Times*, Nov. 20, 2016.

Manjoo, Farhad. *True Enough: Learning to Live in a Post-Fact Society.* Hoboken, NJ: Wiley, 2008.

Marantz, Andrew. "Trolls for Trump: Meet Mike Cernovich, the Meme Mastermind of the Alt-Right." *New Yorker*, Oct. 31, 2016.

Marche, Stephen. "The Left Has a Post-Truth Problem Too: It's Called Comedy." *Los Angeles Times*, Jan. 6, 2017.

Marcus, Ruth. "Forget the Post-Truth Presidency: Welcome to the Pre-Truth

Presidency." *Washington Post*, March 23, 2017.

Marusak, Joe. "Fake News Author Is Fired; Apologizes to Those Who Are 'Disappointed' by His Actions." *Charlotte Observer*, Jan. 19, 2017.

McIntyre, Lee. "The Attack on Truth." *Chronicle of Higher Education*, June 8, 2015.

McIntyre, Lee. *Dark Ages: The Case for a Science of Human Behavior.* Cambridge, MA: MIT Press, 2006.

McIntyre, Lee. *Respecting Truth: Willful Ignorance in the Internet Age.* New York: Routledge, 2015.

Mercier, Hugo, and Daniel Sperber. "Why Do Humans Reason? Arguments for an Argumentative Theory." *Behavioral and Brain Sciences* 34, no. 2 (2011): 57–111.

Meyer, Robinson. "The Rise of Progressive 'Fake News.'" *Atlantic*, Feb. 3, 2017.

Mooney, Chris. "Once and For All: Climate Denial Is Not Postmodern." *DeSmog Blog.com*, Feb. 28, 2011. https://www.desmogblog.com/once-and-all-climate-denial-not-postmodern.

Mooney, Chris. *The Republican Brain: The Science of Why They Deny Science— And Reality.* Hoboken, NJ: Wiley, 2012.

Mooney, Chris. *The Republican War on Science*. New York: Basic Books, 2005.

Nichols, Tom. *The Death of Expertise: The Campaign against Established Knowledge and Why It Matters.* Oxford: Oxford University Press, 2017.

Nyhan, *Brendan and Jason Reifler.* "The Roles of Information Deficits and Identity Threat in the Prevalence of Misperceptions." February 24, 2017. https://www.dartmouth.edu/~nyhan/opening-political-mind.pdf.

Nyhan, Brendan, and Jason Reifler. "When Corrections Fail: The Persistence of Political Misperceptions." *Political Behavior* 32, no. (2) (June 2010): 303–330.

Ohlheiser, Abby, and Ben Terris. "How Mike Cernovich's Influence Moved from the Internet Fringes to the White House." *Washington Post*, April 7, 2017.

Oreskes, Naomi, and Erik Conway. *Merchants of Doubts: How a Handful of Scientists Obscured the Truth on Issues from Tobacco Smoke to Global Warming.* New York: Bloomsbury, 2010.

Pennock, Robert. "The Postmodern Sin of Intelligent Design Creationism." *Science and Education* 19 (2010): 757–778.

Perez-Pena, Richard. "Newspaper Circulation Continues to Decline Rapidly." *New York Times*, Oct. 27, 2008.

Pew Research Center. "State of the News Media 2016: Newspapers Fact Sheet" (June 15, 2016). http://assets.pewresearch.org/wp-content/uploads/sites/13/2016/06/30143308/state-of-the-news-media-report-2016-final.pdf.

Pierson, David. "Facebook Bans Fake News from Its Advertising Network— but not Its News Feed." *Los Angeles Times*, Nov. 15, 2016.

Quine, W. V. O., and J. S. Ullian. *The Web of Belief.* New York: McGraw Hill, 1978.

Rabin-Havt, Ari. Lies, *Incorporated: The World of Post-Truth Politics.* New York: Anchor Books, 2016.

Redlawsk, David, et al. "The Affective Tipping Point: Do Motivated Reasoners Ever 'Get It'?" *Political Psychology* 31, no. 4 (2010): 563–593.

Resnick, Gideon. "Trump's Son Says Mike 'Pizzagate' Cernovich Deserves a Pulitzer." *The Daily Beast*, April 4, 2017. http://www.thedailybeast.com/trumps-son-says-mike-pizzagate-cernovich-deserves-a-pulitzer.

Samuel, Alexandra. "To Fix Fake News, Look to Yellow Journalism." *JStor Daily*, Nov. 29, 2016. https://daily.jstor.org/to-fix-fake-news-look-to-yellow-journalism/.

Schudson, Michael. *Discovering the News: A Social History of American Newspapers*. New York: Basic Books, 1973.

Seelye, Katharine. "Newspaper Circulation Falls Sharply." *New York Times*, Oct. 31, 2006.

Shane, Scott. "From Headline to Photograph, a Fake News Masterpiece." *New York Times*, Jan. 18, 2017.

Shear, Michael. "What Trump's Time Interview Shows about His Thinking." *New York Times*, March 23, 2017.

Shermer, Michael. *The Believing Brain*. New York: Times Books, 2011.

Silberman, G. 1993. "Phil Johnson's Little Hobby." *Boalt Hall Cross-Examiner* 6, no. 2 (1993): 1, 4, 9–10.

Snyder, Timothy. *On Tyranny: Twenty Lessons from the 20th Century*. New York: Tim Duggan Books, 2017.

Sokal, Alan. "A Physicist Experiments with Cultural Studies." *Lingua Franca* (May–June 1996).

Sokal, Alan. "Transgressing the Boundaries: Toward a Transformative Hermeneutics of Quantum Gravity." *Social Text* 46–47 (spring–summer 1996): 217–252.

Soll, Jacob. "The Long and Brutal History of Fake News." *Politico*, Dec. 18, 2016. http://www.politico.com/magazine/story/2016/12/fake-news-history-long-violent-214535.

Specter, Michael. *Denialism: How Irrational Thinking Hinders Scientific Progress, Harms the Planet, and Threatens Our Lives.* New York: Penguin, 2009.

Stanley, Jason. *How Propaganda Works.* Princeton, NJ: Princeton University Press, 2015.

Subramanian, Samantha. "Inside the Macedonian Fake-News Complex." *Wired*, Feb. 15, 2017.

Sunstein, Cass. *Infotopia: How Many Minds Produce Knowledge.* Oxford: Oxford University Press, 2006.

Tani, Maxwell. "Some of Trump's Top Supporters Are Praising a Conspiracy Theorist Who Fueled 'Pizzagate' for His Reporting." *Business Insider*, April 4, 2017.

Taylor, Adam. "Trump Loves a Conspiracy Theory: Now His Allies in the Fringe Media Want Him to Fall for One in Syria." *Washington Post*, April 7, 2017.

Thaler, Richard. *Misbehaving: The Making of Behavioral Economics.* New York: Norton, 2015.

Trivers, Robert. *The Folly of Fools: The Logic of Deceit and Self-Deception in Human Life.* New York: Basic Books, 2011.

Trump, Donald, with Tony Schwartz. *The Art of the Deal.* New York: Random House, 1992.

Viner, Katharine. "How Technology Disrupted the Truth." *Guardian*, July 12, 2016. https://www.theguardian.com/media/2016/jul/12/how-technology-disrupted-the-truth.

Warner, Judith. "Fact-Free Science." *New York Times Magazine*, Feb. 25, 2011.

Wason, P. C. "On the Failure to Eliminate Hypotheses in a Conceptual Task." *Quarterly Journal of Experimental Psychology* 12 (1960): 129–140.

Westen, Drew, et al. "Neural Bases of Motivated Reasoning: An fMRI Study of Emotional Constraints on Partisan Political Judgment in the 2004 U.S. Presidential Election." *Journal of Cognitive Neuroscience* 18, no. 11 (Nov. 2006): 1947–1958.

Wingfield, Nick, Mike Isaac, and Katie Benner. "Google and Facebook Take Aim at Fake News Sites." *New York Times*, Nov. 14, 2016.

Woolf, Christopher. "Back in the 1890s, Fake News Helped Start a War." *Public Radio International*, Dec. 8, 2016. https://www.pri.org/stories/2016-12-08/long-and-tawdry-history-yellow-journalism-america.

延伸阅读

Blackburn, Simon. *Truth: A Guide*. Oxford: Oxford University Press, 2007.

Frankfurt, Harry. *On Bullshit*. Princeton, NJ: Princeton University Press, 2009.

Kahneman, Daniel. *Thinking Fast and Slow*. New York: Farrar, Straus & Giroux, 2011.

Lynch, Michael. *In Praise of Reason*. Cambridge, MA: MIT Press, 2012.

McIntyre, Lee. *Respecting Truth: Willful Ignorance in the Internet Age*. New York: Routledge, 2015.

Nyhan, Brendan, and Jason Reifler. "When Corrections Fail: The Persistence of Political Misperceptions." *Political Behavior* 32, no. 2 (June 2010): 303–330.

Oreskes, Naomi, and Erik Conway. *Merchants of Doubts: How a Handful of Scientists Obscured the Truth on Issues from Tobacco Smoke to Global Warming*. New York: Bloomsbury, 2010.

Rabin-Havt, Ari. Lies, *Incorporated: The World of Post-Truth Politics*. New York: Anchor Books, 2016.

Redlawsk, David, et al. "The Affective Tipping Point: Do Motivated Reasoners Ever 'Get It'?" *Political Psychology* 31, no. 4 (2010): 563–593.

Snyder, Timothy. *On Tyranny: Twenty Lessons from the 20th Century*. New York: Tim Duggan Books, 2017.

Stanley, Jason. *How Propaganda Works*. Princeton, NJ: Princeton University Press, 2015.

Trivers, Robert. *The Folly of Fools: The Logic of Deceit and Self-Deception in Human Life*. New York: Basic Books, 2011.

索引

Murder rate decline 谋杀率下降 2–4, 9